**단번에 알아듣는
하루 한 장 표현력 연습**

BYO DE TSUTAERU KANSATSURYOKU × HYOGENRYOKU WO KITAERU 100 NO LESSON written by Hitoshi Ogura.

Copyright ⓒ 2023 by Hitoshi Ogura. All rights reserved.
Illustrated by KASHIWABARA SHOWTEN
Originally published in Japan by Nikkei Business Publications, Inc.
Korean translation rights arranged with Nikkei Business Publications, Inc. through Eric Yang Agency, Inc.

이 책의 한국어판 저작권은 Eric Yang Agency를 통해
Nikkei Business Publications Inc사와 독점 계약한 ㈜알에이치코리아에 있습니다.
저작권법에 의하여 한국 내에서 보호 받는 저작물이므로 무단전재 및 복제를 금합니다.

단번에 알아듣는
하루 한 장
표현력
연습

관찰력과 전달력을
단련하는 103가지
실전 말하기 트레이닝

오구라 히토시 지음
지소연 옮김

알에이치코리아

머리말

"전원을 끊어주게."

나의 말은 내가 의도한 대로 상대에게 전달되고 있을까? 표현이 조금만 부족해도 듣는 사람의 해석이 완전히 달라진다.

한 전기 공사 현장에서 이런 일이 있었다.

감독이 젊은 일꾼에게 "전원을 끊어주게"라고 부탁하자 일꾼은 전원과 연결된 배선을 절단해 버렸다.

감독의 의도는 '전원을 꺼달라는' 것이었다. 그래서 무언가의 공급을 중단한다는 의미를 가진 '끊다'라는 말을 써서 "끊어주게"라고 말했는데, 젊은 일꾼은 선을 '끊으라는' 말로 해석해서 배선을 완전히 절단해 버린 것이다.

우리가 다른 사람에게 전하고자 하는 내용에는 지금 자신의 '상태', 자기가 한 '행동' 혹은 상대가 해주었으면 하는 '행동', 자기 나름의 '판단', 지금 자신이 느끼는 '감각' 등 다양한 요소가 있다.

 특히 '상태'나 '행동'을 전달할 때, 내 머릿속에 있는 이미지를 상대방에게 온전하게 전할 수 있느냐 없느냐는 바로 '표현'에 달려 있다. 애매모호한 표현이나 잘못 이해하기 쉬운 표현을 사용하면 상대에게 생각이 온전히 전해지지 않는다. 어긋남 없이 정확하게 소통하기 위해서는 '표현력'이 반드시 필요하다는 이야기다.

'관찰력'이 뛰어난 사람은 '표현력'도 뛰어나다

　지금껏 경험한 바에 따르면 '관찰력'이 뛰어난 사람은 '상태'나 '행동'을 정확하게 표현하는 능력, 즉 '표현력'도 높은 경우가 많다. 다시 말해 '표현력'이 높은 사람은 상황이나 사물을 또렷하게 파악할 줄 안다는 뜻이다. 반면 '관찰'이 엉성하고 서툰 사람은 '표현'도 엉성하다.

　재미있는 점은 '관찰력'을 높이면 '표현력'이 높아지고, 반대로 '표현력'을 단련하면 '관찰력'이 자라난다는 것이다.

　야구 경기에서 투수가 공을 던지는 모습을 아무 생각 없이 바라보는 사람은 단순히 '투수가 포수를 향해 공을 던지는' 광경으로 받아들이지만, 투구를 자세히 관찰하는 사람은 커브, 슬라이더, 포크볼 같은 투구의 여러 종류를 떠올린다. 다양한 표현과 그 의미를 알게 되면 야구를 자주 보지 않던 사람이라도 투수의 모습을 자세히 관찰하고 싶어질 것이다.

　사물을 볼 때도 마찬가지다. 잠시 이런 상황을 떠올려보자. 의자 다리가 부러진 것을 발견한 철수가 민수에게 전화해 "의자 다리가 부러졌어"라고 말한다. 그러자 민수는 바로 "정확히 어디가 부러졌는데?"라고 질문한다. 철수는 다시 의자 다리를 들여다보고서 "앉음판하고 이어지는 부분이 부러졌어"라고 대답한다. 이에 민수는 "몇 개가 부러졌어?"라고 질문을 덧붙인다.

철수는 그제야 "앉음판하고 이어진 의자 다리 하나가 댕강 부러졌어" 하고 분명한 답을 내놓는다.

사람은 뭔가가 바로 눈앞에 있어도 그것을 제대로 보지 않는다.

똑같이 삐딱하게 선 사람을 한 명 보아도 그저 자세를 막연히 바라보는 사람은 "불안정한 자세"라고 표현하지만, 자세히 관찰하는 사람은 "한쪽 다리로 몸을 지탱하고 있다"라고 표현한다.

사람은 '관찰한' 것만 '표현할' 수 있다

상황을 스쳐보듯 눈에 담는 사람은 다른 사람에게 상황을 전할 때도 막연한 표현을 쓰고, 정확하게 관찰하는 사람은 정확한 표현으로 전달한다.

이처럼 '관찰'과 '표현'은 밀접하게 연결된 표리일체의 관계다.

이 책은 우리가 평소 무심코 눈에 담는 사물과 상황을 말로 분명하게 포착해 독자의 '관찰력'과 '표현력'을 아울러 끌어 올리는 실험적인 도서다.

실제로 대화하거나 정보를 전달해야 할 때마다 눈앞의 상황을 시간 들여 천천히 설명하기는 어렵다.

눈앞에 있는 것을 순식간에 포착하고 정확하게 표현하는 것.

그것이야말로 '관찰력'과 '표현력'을 기르는 출발점이다.

만약 다음에 나오는 그림을 지금 당장 설명해야 한다면, 당신은 어떻게 표현하겠는가.

"열쇠가 안 돌아가!"
단순히 이렇게만 말하면 상황이 제대로 전달되지 않고 상대도 온전히 이해하기 힘들다.
정답은 다음과 같다.
"○○으로 들어가는 문의 열쇠 구멍에 열쇠를 꽂고 돌리려 했으나 전혀 돌아가지 않는다."

만약 여기서 열쇠 구멍 끝까지 열쇠를 확실히 꽂았다면 이렇게 보충할 수 있다.

"○○으로 들어가는 문의 열쇠 구멍에 열쇠를 끝까지 꽂았음에도 불구하고 전혀 돌아가지 않는다."

열쇠가 열쇠 구멍에 꽂힌 상태이고 열쇠 구멍의 안쪽 끝까지 확실히 꽂힌 상태라는 배경을 덧붙여 설명해야 한다. 또한 열쇠가 돌아가지 않는 상태를 "전혀 돌아가지 않는다"라고 최대한 정확하게 표현하는 것이 좋다.

자신이 보고 있는 상황과 같은 그림을 상대가 떠올리는가

상대방에게 전달하고 싶은 내용이 무엇인지에 따라 상황을 어느 정도로 정확하고 구체적으로 파악해야 하는지가 정해진다. 그런 한편 내가 전하고 싶은 내용이 무엇이든 상관없이 주변 상황 등을 비롯해 조금 더 자세히 표현해야만 상대가 그 내용을 온전히 이해할 수 있는 경우도 적지 않다. 내가 본 광경을 그대로 상대에게 전하려면 자신이 보고 있는 모습과 똑같은 그림이 상대방의 머릿속에 떠오르도록 표현해야 한다.

디지털카메라나 스마트폰이 없던 시대에는 일을 할 때 기계나 제품을 그림으로 그려서 다른 사람에게 설명하거나 보고서를 썼다. 그림은 사물을 세세히 들여다보지 않으면 제대로 그릴 수 없다. 하지만 시대가 흘러 디지털카메라와 스마트폰이 보급된 뒤로는 그림을 그릴 일이 거의 없어졌다. 사진을 찍어서 설명하거나 찍은 사진을 보고서에 붙이는 방법이 훨씬 효율적이기 때문이다. 그 결과 대상을 관찰하는 능력과 그림을 그리는 능력이 예전에 비해 뒤떨어지고 말았다.

이와 같은 일이 이번에는 AI(인공지능)의 보급에 의해 일어나려 하고 있다. 글을 써서 상대에게 생각을 전할 때는 상대가 오해하지 않도록 시행착오를 거치기 마련이다. 그 사람이 분명하게 이해할 수 있도록 글을 쓰려면 지금의 상황과 상태를 정확하게 표현해야 하기 때문이다.

하지만 AI가 계속해서 보급되면 그러한 시행착오는 완전히 사라질 것이다. 그 결과 우리의 표현력은 점점 쇠퇴하고 대상을 관찰해 정확하게 포착하는 능력 역시 퇴보하지 않을까. 동시에 생각하는 능력도 서서히 떨어질 것이다. 그런 결과를 맞지 않으려면 평소에도 관찰력과 표현력을 유지하고 한층 높이기 위해 노력해야 한다.

여기서 눈여겨보아야 할 점이 또 하나 있다. 우리는 말을 통해 다양한 모습을 떠올린다는 사실 말이다. 말씨나 단어 하나만 잘못 선택해도 이미지는 온갖 방향으로 확장되거나 엉뚱한 방향으로 빗나간다. 그러므로 특히 논리적으로 생각해야 하는 상황에는 말의 정확성이 무엇보다 중요해진다. 요컨대 '표현력'을 높이는 것은 '논리력'을 높이는 일로도 이어진다는 이야기다.

관찰력, 표현력, 논리력…… 이 3가지는 누구나 반드시 터득해두어야 할 중요한 기술이다.

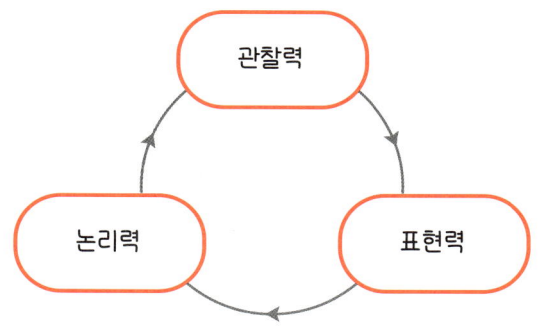

차례

머리말 · 4

1 움직임 표현하기 · 14

2 감각 표현하기 · 72

3 변화 표현하기 · 80

4 문제 상황 표현하기 · 96

5 차이 표현하기 · 178

6 실수 표현하기 · 200

7 요청 표현하기 · 218

8 순서 표현하기 · 228

맺는말 · 242

01

움직임 표현하기

오직 글만으로 어떤 '상태'를 다른 사람에게 전할 수 있을까? 1장에서는 각각의 그림을 보고, 몸을 움직이지 않고 글로만 그림의 내용과 상황을 상대에게 전하려면 어떻게 표현해야 하는지 함께 생각해 보자.

01

주체만 잘 골라도 전달력이 달라진다 ①

다음의 그림을 보고 다른 사람이 어떤 상황인지
파악할 수 있도록 말(또는 글)로 표현해 보자.

"귤에 손이 닿지 않는다."

위의 문장은 영수의 관점에서 표현한 말이다. 그런데 다른 사람의 시선에 비치는 영수의 모습은 영수 본인의 느낌대로 표현한 모습과는 너무나도 다르다. 다른 사람에게도 그림 속 광경이 그대로 떠오르도록 표현하려면 영수의 관점 말고 영수를 바라보는 사람의 관점으로 상황을 그려내야 한다.

먼저 영수를 비롯한 몇 가지 상황을 하나하나 적어보자.

"영수는 까치발을 하고 있다."

"영수는 손을 뻗어 나무에 열린 귤을 따려고 한다."

"쭉 뻗은 손이 귤에 닿지 않는다."

이 내용들을 한 문장으로 만들면 다음과 같은 글이 나온다.

"영수는 까치발을 하고 나무에 열린 귤을 따려 하고 있지만, 쭉 뻗은 손이 귤에 닿지 않는다."

이처럼 바라보는 관점에 따라 표현 방법이 달라진다는 사실을 잊어서는 안 된다. 만약 사람이 아니라 귤을 주체로 삼고 싶다면 이렇게 표현할 수도 있다.

"귤은 영수가 까치발을 해도 닿지 않는 곳에 달려 있다."

02

주체만 잘 골라도 전달력이 달라진다 ②

아래의 그림은 어떻게 표현하면 좋을까?

"바통이 넘어갔다."

길게 설명할 필요도 없이 내용이 부족하게 느껴지지 않는가. 이 표현은 불합격이다. 부족한 부분을 짚어보자면 '누구에게서 누구에게'가 빠졌다고 할 수 있다. 여기에서는 '영수에게서 광수에게'를 더하면 된다.

"바통이 영수에게서 다음 주자인 광수에게 넘어갔다."

그뿐만 아니라 이 그림에는 영수, 광수, 바통이라는 3가지 주체가 있다는 점도 눈여겨보아야 한다. 이들을 각각 주체로 삼아 표현하면 어떻게 될까?

"영수는 광수에게 바통을 넘겨주었다."

"광수는 영수에게 바통을 넘겨받았다."

"바통은 영수에게서 광수에게 넘어갔다."

무엇을 주체로 고르느냐는 누구 혹은 무엇의 관점으로 상황을 표현하는 것이 효과적인지, 어떤 관점으로 표현하고 싶은지에 따라 달라진다.

03

주체만 잘 골라도 전달력이 달라진다 ③

누구를 주체로 표현할지는 상대에게
전하고 싶은 내용이 무엇이냐에 따라 달라진다.
다음의 그림은 무엇을 어떻게 설명해야 할까?

"주스 캔을 빼앗겼다."

이 말로는 상황의 일부밖에 표현할 수 없다. 좀 더 정확하게 표현하려면 우선 주체를 정하는 것이 중요하다.

이 그림에는 두 사람이 있으니, 철수를 주체로 삼을지 아니면 영수를 주체로 삼을지 결정하면 된다. 처음에 말한 "주스 캔을 빼앗겼다"라는 문장은 철수를 주체로 한 표현이다. 이처럼 철수를 주체로 그림 속 상황을 상대에게 전한다면 다음과 같이 설명할 수 있다.

"철수는 테이블 위의 주스 캔을 집으려다 영수에게 빼앗겼다."

반대로 영수를 주체로 삼으면 이렇게 된다.

"영수는 테이블 위에 놓인 주스 캔을 철수보다 먼저 집어 들었다."

인물이 두 명 이상 있을 때는 누구를 주체로 놓을지 정한 다음 표현하는 것이 중요하다.

누구를 주체로 두느냐는 곧 누구의 관점에서 상황을 표현하느냐와 같다. 따라서 주체는 누구의 관점에서 상황을 표현하고 싶은지에 따라 결정된다.

04

주체만 잘 골라도 전달력이 달라진다 ④

그렇다면 이 그림에서는 어느 쪽에 초점을 맞추어 표현하면 좋을까?

"새가 물고기를 노리고 있다."

새가 물고기를 노리고 있다는 사실은 알 수 있지만, 이 문장에는 각각의 움직임에 대한 표현이 담겨 있지 않다. 따라서 그림의 상황을 상대에게 제대로 전하지 못한다.

먼저 두 주체의 움직임을 각각 적어보자.

"새는 호수의 수면 아래에서 헤엄치는 물고기를 노리고 빠르게 하강하고 있다."

"물고기는 호수의 수면 아래에서 유유히 헤엄치고 있다."

이번에는 새를 주체로 삼아 표현해 보자.

"새가 호수의 수면 아래에 있는 물고기를 노리고 빠르게 하강하고 있다."

바로 위와 같은 표현이 된다.

반면 물고기를 주체로 삼으면 다음과 같이 말할 수 있다.

"호수의 수면 아래에서 헤엄치는 물고기는 새가 자신을 노리고 빠르게 하강하고 있음을 알아채지 못했다."

이처럼 대상이 두 가지일 때는 어느 쪽을 주체로 삼을지 결정한 다음 각각의 동작을 표현하면 된다.

05

주체만 잘 골라도 전달력이 달라진다 ⑤

앞서 이야기했듯이 무엇을 표현의 주체로 삼는지는
무척 중요한 포인트다.
이번에는 다음의 그림을 살펴보자.

"개에게 쫓기고 있다."

이렇게 주어가 없는 표현이 종종 눈에 띄는데, 물론 정답과 거리가 먼 문장이다. 그렇다고 해서 단순히 주어만 더하면 해결된다는 이야기는 아니다.

이 그림에서는 철수와 개 중 어느 쪽을 주체로 삼느냐에 따라서도 바람직한 표현이 달라진다.

철수를 주체로 표현할 때는 철수가 곧 주어가 된다.

"철수가 개에게 쫓기고 있다."

반면 개를 주체로 표현할 때는 개가 주어가 된다.

"개가 철수를 쫓고 있다."

이처럼 주어를 덧붙인다는 것은 주어가 되는 무언가를 주체로 삼아 표현한다는 뜻과 같다. 표현할 대상이 하나가 아닐 때는 여러 대상 가운데 어떤 것을 주체로 표현할지 생각한 뒤 설명해야 한다.

실제로 주체가 무엇인지 제대로 생각하지 않고 이렇게 잘못 표현하는 경우가 많다.

"물건을 잘못 보냈다."

이럴 때는 주어를 더해 주체를 명확하게 만들어야 한다. 사람이 주체라면 "담당자가 물건을 잘못 보냈다"라고 표현하고, 물건이 주체라면 "물건이 잘못 왔다"라고 말할 수 있다.

06

주체만 잘 골라도 전달력이 달라진다 ⑥

그렇다면 다음과 같은 경우는 어떨까?
사람이 주체가 되었을 때와 커피가 주체가 되었을 때,
네모 칸 안의 상황을 어떻게 설명하면 좋을지 각각 문장을 만들어보자.

사람이 주체일 때 → "우유를 섞다."

커피가 주체일 때 → "우유가 섞이다."

사람을 주체로 표현하면 '섞다'가 되고 커피를 주체로 표현하면 '섞이다'가 된다.

주체가 바뀌면 표현도 달라진다. 이번에는 앞의 문장들을 좀 더 자세하게 보충해 보자.

사람이 주체일 때 → "커피에 우유를 붓고 스푼으로 휘젓는다."

커피가 주체일 때 → "커피에 들어간 우유가 커피와 섞인다."

다른 사람에게 어떤 일을 부탁하거나 알려줄 때는 대부분 사람을 주체로 삼는다. "커피에 우유를 붓고 스푼으로 휘저어 주세요"처럼 말이다. 즉, 사람의 '행동'을 설명하는 것이다.

하지만 어떤 시점의 '상태'를 전할 때는 "커피에 들어간 우유가 커피와 섞인다(섞였다)"처럼 커피를 주체로 표현한다.

어느 쪽을 주체로 할지는 내가 전하고 싶은 내용이 '행동'인지 '상태'인지에 따라 결정된다.

07

주체만 잘 골라도 전달력이 달라진다 ⑦

어떤 움직임인지 정확히 설명하려면 동작의 속도도 의식해야 한다.
아래의 그림을 보면 어떤 말이 가장 먼저 떠오를까?

"투수가 공을 던졌다."

이 문장에는 투수와 공밖에 나오지 않는다. 따라서 합격점을 받을 수 없다.

그림을 보고 알 수 있는 사실은 2가지가 있다.

"투수와 포수가 있다."

"공은 포수가 미트를 갖다 댄 위치로 정확하게 날아왔다."

이 사실을 바탕으로 투수를 주체로 삼아 상대에게 그림의 내용을 정확하게 전달하려면 어떻게 해야 할까?

"투수는 포수가 갖다 댄 미트를 향해 정확하게 공을 던졌다."

위와 같은 표현이 된다.

여기에 공의 속도가 어떤지 강약까지 더해주면 한결 사실적인 문장이 된다.

"투수는 포수가 갖다 댄 미트를 향해 공을 힘껏 던졌다."

이번에는 주체를 투수에서 포수 또는 공으로 바꿔보자.

"포수는 투수가 힘껏 던진 공을 미트를 갖다 댄 위치에서 그대로 받았다."

"투수가 힘껏 던진 공이 포수의 미트를 향해 날아왔다."

주체를 정하고 움직임의 강약과 속도까지 적절히 고려하여 표현하면 문장의 정확도가 한층 높아진다.

08

나누어 파악한 뒤 조합하자 ①

다음 그림도 주체가 될 수 있는 대상이 둘이다.
어떻게 표현해야 할까?

"손으로 공을 꺼내려 하고 있다."

이렇게 표현하면 누가 어디에서 어떤 자세로 공을 꺼내려 하는지 짐작도 하기 어렵다.

먼저 그림을 보고 분명하게 알 수 있는 사실을 적어보자.

"민수가 꺼내려 하는 공은 자동차 바로 밑에 있다."

"민수는 땅바닥에 무릎을 대고 몸을 앞으로 구부린 자세로 손을 뻗고 있다."

그다음 민수를 주체로 문장을 정리하면 다음 같은 내용이 된다.

"민수는 자동차 바로 밑에 있는 공을 꺼내려 하고 있다."

여기에 민수의 자세에 관한 표현을 더하면 어떻게 될까?

"민수는 자동차 바로 옆 바닥에 무릎을 대고 몸을 앞으로 숙인 채 자동차 밑으로 손을 뻗어 공을 꺼내려 하고 있다."

이번에는 민수가 아니라 공을 주체로 설명해 보자. 그러면 이렇게 간단하게 풀어낼 수 있다.

"자동차 바로 밑에 공이 있다."

여기에 민수의 자세를 조합하면 이런 문장이 된다.

"공은 민수가 자동차 옆 바닥에 무릎을 대고 몸을 앞으로 숙인 채 자동차 밑으로 손을 뻗은 곳 바로 앞에 있다."

09

나누어 파악한 뒤 조합하자 ②

그렇다면 아래의 그림은 어떨까?

광수

"스모 선수가 광수를 깔아뭉개고 있다."

이렇게만 말하면 상대는 그림 속 상황을 온전히 이해하기 어렵다. 그렇다고 해서 두 사람의 자세를 한꺼번에 표현하려고 하면 난이도가 훌쩍 높아진다.

그러므로 우선은 스모 선수와 광수의 자세를 각각 나눠서 설명해 보자.

"스모 선수는 광수의 등 위에 올라탔다."

"광수는 바닥에 납작 엎드려 있다."

그런 다음, 이 둘을 조합하면 아래와 같이 말할 수 있다.

"스모 선수는 바닥에 엎드린 광수의 등 위에 올라탔다."

이렇게 상황을 한 번에 설명하기가 어려울 때는 우선 각각 나눠서 표현해 보자. 각각의 상태를 정확히 설명했다면 그다음에는 표현들을 서로 조합하면 된다.

등장하는 사람이나 사물을 나눠서 설명한 다음 합치면 다른 사람에게 이미지를 세세하게 전할 수 있는 표현이 완성된다.

10

나누어 파악한 뒤 조합하자 ③

이 그림은 어떻게 표현할 수 있을까?

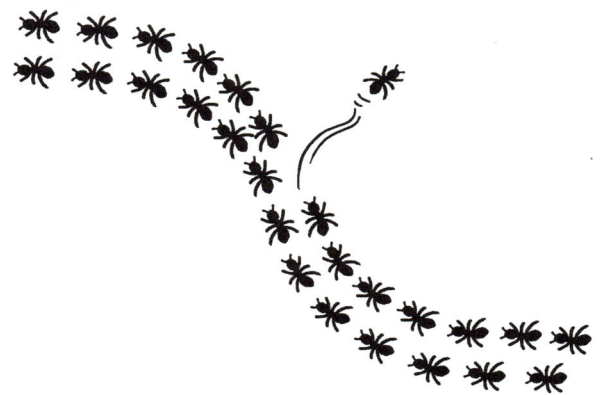

"개미가 줄에서 벗어났다."

다른 사람에게 그림의 내용을 그대로 전하려면 이보다 조금 더 자세한 표현이 필요하다.

지금까지와 마찬가지로 각각의 움직임을 먼저 정리해 보자.

"줄을 벗어난 개미는 한 마리다."

"무리를 이탈한 개미는 줄에서 오른쪽 대각선 방향으로 나아가고 있다."

"개미는 줄에서 점점 멀어지고 있다."

그리고 위의 내용들을 조합하면 이런 문장이 완성된다.

"줄지은 동료들의 오른쪽 대각선 방향으로 개미 한 마리가 점점 멀어지고 있다."

동작을 표현할 때는 대상의 수량과 움직이는 방식, 움직이는 방향, 거리, 속도를 빠르게 파악하고 각각을 모두 조합해서 표현해야 한다. 대상의 움직임을 토대로 무언가를 생각할 때는 움직이는 방식, 방향, 거리, 속도가 중요한 키워드가 되기 때문이다.

"강아지가 주인에게 다가갔다."

위와 같은 단순한 문장도 중요한 키워드들을 조합하면 완전히 다른 표현이 된다.

"강아지가 주인을 향해 쏜살같이 달려갔다."

11

시점을 정확하게 파악해 표현하자 ①

이번에는 조금 더 역동적인 그림을 보며 생각해 보자.

먼저 민수에게 주목하면 이렇게 말할 수 있다.

"민수가 넘어졌다."

여기서 '넘어졌다'를 조금 더 정확하게 표현한다면 어떻게 될까?

그림의 상황에 맞춰 '넘어졌다'를 정확하게 나타내면 '엉덩방아를 찧었다'라고 표현할 수 있다. 똑같이 넘어지는 모습이라도 앞으로 고꾸라지는 것과 뒤로 나동그라지는 것은 엄연히 다르지 않은가. 이번에는 어떤 순간, 즉 시점에 '엉덩방아를 찧었는지'에 대해서도 내용을 더해보자. 그러면 이런 문장이 된다.

"민수는 무가 뽑힌 순간 엉덩방아를 찧었다."

나아가 힘이 어디에 어떻게 작용했는지도 덧붙여 보자.

"민수는 무가 뽑힌 순간 (무를 땅에서 뽑을 때의) 반동 때문에 엉덩방아를 찧었다."

움직임을 표현할 때는 앞서 이야기한 수량, 움직이는 방식, 방향, 거리, 속도 같은 요소뿐만 아니라 시점과 힘이 작용하는 방향 또한 포인트가 된다.

예를 들어 "기계의 정지 버튼을 누르다" 같은 말은 "기계의 정지 버튼을 힘껏 내리누르다"처럼 표현할 수 있다.

12

시점을 정확하게 파악해 표현하자 ②

그렇다면 아래 그림 속 상황은 어떻게 표현하면 좋을까?

"철수는 돌아보았다."

왠지 모르게 문학적인 향기가 느껴지지만, 단순히 철수의 동작만 담은 표현이어서 내용이 모호하다. 이럴 때는 어떻게 해야 할까? 철수가 돌아본 방향을 분명하게 표현하면 된다. 그러면 상황이 또렷하게 전해진다.

"철수의 등 뒤에 있는 수풀에서 바스락바스락 소리가 났다."
"소리가 난 방향으로 얼굴을 돌렸다."

위 내용을 바탕으로 문장을 정리하면 이렇게 된다.

"철수는 소리가 나는 등 뒤의 수풀 쪽으로 얼굴을 돌렸다."

다만 이 문장은 어느 한 시점만 나타낸 표현이다.

이를 조금 다르게 표현할 수도 있다. 철수가 얼굴을 돌린 이유를 먼저 언급한 뒤 철수의 동작을 나타내는 것이다.

"등 뒤의 수풀에서 소리가 나자 철수는 그쪽으로 얼굴을 돌렸다."

위와 같이 쓰면 시간의 흐름까지 상대에게 전할 수 있다.

하나의 시점을 포착해 표현하느냐, 시간의 흐름을 표현하느냐에 따라 문장의 내용이 달라진다.

13

시간의 흐름을 의식하며 표현하자: 컷 분할 표현 ①

움직임을 표현할 때는 시간의 흐름도 염두에 둘 필요가 있다.
당신은 다음의 그림을 어떻게 표현할 것인가?

"공을 유리에 맞혔다."

이처럼 마치 자신이 직접 그 행동을 했다는 듯이 설명하는 사람도 있는데, 그래서는 그림의 내용을 완전히 담아낼 수 없다.

그림 속 상황을 상대방에게 분명하게 전달하기 위해서는 시간의 흐름에 따라 표현해야 한다. 우선 상황을 시간에 따라 나누면 다음과 같이 표현할 수 있다.

"철수가 공을 발로 찼다."

"발로 찬 공이 벽에 부딪혀 튕겨 나왔다."

"튕겨 나온 공이 벽 맞은편에 있는 유리 쪽으로 날아갔다."

"공이 유리에 부딪쳤다."

"유리가 깨졌다."

이 일련의 흐름을 한 문장으로 표현하면 이렇게 된다.

"철수가 찬 공이 벽에 맞고 튕겨 나와 맞은편 유리에 부딪치는 바람에 유리가 깨졌다."

반면 한 가지 시점만 포착해서 마지막의 결과(상태)만 표현한다면 **"유리가 깨졌다"**라는 단순한 문장이 나온다.

14

시간의 흐름을 의식하며 표현하자: 컷 분할 표현 ②

아래의 그림을 살펴보자.

"기름이 옷에 묻었다."

결과만 전달해도 상관없다면 이 문장도 나쁘지 않겠지만, 위의 표현만으로는 무엇을 하다가 어떤 순간에 어떻게 기름이 묻었는지는 짐작하기가 어렵다.

정보를 자세히 나타내려면 시간에 따라 세세하게 나누어 표현할 필요가 있다. 그러므로 이번 그림의 내용도 시간순으로 적어보자.

"프라이팬에 채소를 볶았다."

"프라이팬의 기름이 내 쪽으로 튀었다."

"기름이 옷에 묻었다."

상황을 시간순으로 파악할 때는 마치 영상을 한 장면, 한 장면 끊어서 보듯이 적는 것이 요령이다.

이 내용을 하나로 연결해서 표현하면 다음과 같은 문장이 나온다.

"프라이팬에 채소를 볶다가 팬 안의 기름이 튀어서 내 옷에 묻었다."

다른 사람에게 상황을 분명하게 알리고 싶다면 결과만 표현하지 말고 영상을 한 컷, 한 컷 멈춰서 보듯이 시간순으로 표현해야 한다. 이 컷 분할 표현에 대해서는 앞으로 조금 더 자세히 알아보자.

15

시간의 흐름을 의식하며 표현하자: 컷 분할 표현 ③

다음 그림도 시간의 흐름을 고려해서 표현해 보자.

여기서 개구리의 순간적인 움직임에만 초점을 두면 이런 표현이 된다.

"개구리가 뛰어올랐다."

하지만 뱀에 대한 설명이 빠져 있어서 상황이 온전히 전해지지 않는다.

대상이 2가지 이상일 때 움직임을 확실하게 표현하려면, 시간의 흐름을 고려해 '컷 분할 표현'을 활용하는 것이 좋다. 컷 분할 표현이란 동영상을 한 장면씩 멈춰서 살피듯이 표현하는 방법을 뜻한다.

이 그림은 우선 2개의 문장으로 정리할 수 있다.

"뱀은 개구리를 덥석 물려고 했다."

"개구리는 뱀에게 물리기 직전에 펄쩍 뛰어올라 도망쳤다."

이 두 문장을 조합하면 다음과 같은 말이 된다.

"뱀이 개구리를 덥석 물려고 했지만, 개구리는 뱀에게 물리기 직전에 펄쩍 뛰어올라 도망쳤다."

각각의 움직임을 파악하고 장면별로 끊어 상황을 살핀 뒤 하나로 조합하는 것이다. 그러면 뱀과 개구리의 움직임이 서로 어떻게 맞물려 있는지도 정확하게 설명할 수 있다.

시간을 세세하게 나누어 동작을 순서대로 표현하는 것. 이것이 바로 컷 분할 표현이다.

16

시간의 흐름을 의식하며 표현하자: 컷 분할 표현 ④

아래의 그림도 앞서 살펴본 것과 비슷한 경우다.
내용을 자세히 설명해 보자.

영수

"바지에 물이 튀었다."

위 같은 표현을 들으면 상대는 오로지 바지의 상태만 파악할 수 있다.

먼저 그림을 보고 알 수 있는 사실을 적어보자.

"영수가 길을 걷고 있는데, 바로 옆으로 자동차가 지나갔다."

"자동차는 물웅덩이 위를 통과했다."

"자동차가 물웅덩이 위를 지나간 순간, 웅덩이의 물이 영수에게 튀었다."

"튄 물이 영수의 바지를 적셨다."

이번에는 이 내용들을 적절히 조합해 보자.

"영수가 길을 걷고 있는데, 바로 옆을 지나간 자동차가 웅덩이 속의 물을 튀겨 영수의 바지를 적셨다."

위의 문장은 '자동차', '물', '영수'라는 세 대상의 관계를 컷 분할 표현으로 나타낸 내용이다.

여기서 바지에 묻은 '물'을 주체로 표현하면 어떻게 될까?

"웅덩이 속의 물이 자동차 바퀴에 튀어서 길을 걷던 영수의 바지를 적셨다."

이처럼 움직임을 표현할 때는 컷 분할 표현을 활용하거나 움직임이 있는 한 가지 대상을 주체로 삼아 표현한다.

여기서 컷 분할 표현을 복습해 보자. 컷 분할 표현이란 마치 영상 속 장면을 한 컷씩 들여다보듯이 상황을 시간의 경과에 따라 표현하는 방식을 가리킨다. 사례와 함께 살펴보자.

"철수가 넘어졌다."

위의 표현은 영상의 한 컷을, 그중에서도 마지막 장면만을 나타낸 문장이다. 그러나 마지막 장면만 전해 들어서는 상황을 제대로 이해할 수 없다. 어떤 과정을 통해 '넘어졌다'에 이르렀는지 장면을 시간의 흐름에 따라 한 컷씩 살펴보아야 한다.

"철수가 길을 걷는데 앞에 돌이 굴러다니고 있었다."

"철수는 돌에 발이 걸렸다."

"철수는 균형을 잃었다."

"철수는 앞으로 넘어졌다."

그러면 위와 같은 내용들이 나온다.

이를 하나의 문장으로 정리하면 이렇게 표현할 수 있다.

"길을 걷던 철수는 굴러다니던 돌에 걸려 균형을 잃고 앞으로 넘어졌다."

이것이 바로 '컷 분할 표현'이다. 다른 사람에게 상황을 정확하게 전하려면 단순히 "철수가 넘어졌다" 같은 마지막 장면만 표현해서는 안 된다. 마지막 장면에 이르는 과정을 시간의 흐름에 따라 한 컷씩 표현해야 한다.

이 '컷 분할 표현'에서 중요한 부분은 결코 장면을 함부로 건너뛰어서는 안 된다는 점이다. 예를 들어 아래의 표현에는 장면이 하나 빠져 있다.

"널빤지 뒤로 못 끝이 튀어나와 있어서 철수가 오른손을 찔렸다."

이 글을 읽으면 널빤지에 못이 박혀 있다는 사실은 알 수 있지만, 어쩌다가 손을 찔렸는지는 알 수 없다.

"못이 튀어나온 부분에 손을 가져다 댔다."

"널빤지를 들어 올리려고 했다."

여기에 이 두 컷을 더하면 어떻게 될까?

"철수는 못 끝이 튀어나온 널빤지를 손으로 들어 올리려 하다가 오른손을 찔렸다."

컷 분할 표현을 할 때는 장면을 빠트리지 않고 한 컷씩 꼼꼼히 헤아리며 표현하는 것이 무엇보다 중요하다.

17

동작과 위치를 정확하게 표현하자 ①

그렇다면 다음의 그림은 어떨까?

"주스 캔을 집으려 하고 있다."

그림 속 인물의 행동을 나타내고 싶다면 이것만으로는 부족하다. 어떤 상황에서 어떤 자세로 주스 캔을 집으려 하고 있는지가 중요하기 때문이다. 이 그림에서는 광수의 어떤 자세를 꼭 표현해야 할까? 우선 적어보자.

"테이블을 앞에 두고 의자에 앉아 있다."

"손을 앞으로 쭉 뻗었다."

그리고 주스 캔이 놓인 위치도 덧붙여야 한다. 광수의 자세와 주스 캔의 위치를 더해 표현하면 다음과 같은 문장이 된다.

"광수는 의자에 앉은 채 손을 쭉 뻗어 테이블 안쪽에 놓인 주스 캔을 집으려 하고 있다."

이 표현은 광수의 행동을 나타내고 있는데, 자세를 더 강조하고 싶다면 다음처럼 쓸 수도 있다.

"광수는 테이블 안쪽에 놓인 주스 캔을 집으려고 의자에 앉은 채 손을 앞으로 쭉 뻗고 있다."

사람의 자세를 나타낼 때 '불안정한 자세'나 '이상한 자세' 같은 표현을 쓰는 사람이 많다. 하지만 그런 표현만으로는 구체적으로 어떤 자세인지 짐작하기가 어렵다. '발돋움을 해서', '몸을 앞으로 쭉 내밀고', '몸을 뒤로 젖히고'처럼 구체적인 말을 이용해 표현하는 것이 중요하다.

18

동작과 위치를 정확하게 표현하자 ②

아래의 그림을 보고 인물의 움직임을 정확하게 표현해 보자.

"철수는 발을 헛디뎠다."

이 설명만으로는 합격점을 받을 수 없다. '어디에서' 헛디뎠는지가 빠졌기 때문이다.

그렇다면 '어디에서'만 더해주면 될까?

"철수는 계단에서 발을 헛디뎠다."

아쉽지만 이것도 정답은 아니다.

'계단에서'라고 말한들 계단의 첫 번째 단인지, 중간 단인지, 맨 위의 마지막 한 단인지는 알 도리가 없기 때문이다.

"철수는 계단의 첫 번째 단에서 발을 헛디뎠다."

여기까지 적으면 상대방도 같은 그림을 떠올릴 수 있다. 드디어 합격점을 받을 만한 문장이 나왔다. 눈으로 본 것을 말로 전할 때는 사물의 어떤 부분인지도 정확하게 파악해서 표현하는 것이 좋다.

"발을 찧었어!", "손을 벴어!"라며 누군가 아파하는 모습을 본 적이 있을 것이다. 그럴 때 사람들은 어디서 다쳤는지 논리 정연하게 말하지 않는다. 우선은 손이나 발 등 문제가 생긴 부분이 어디인지를 전하고 싶기 때문이 아닐까. 좀 더 차분하게 관찰할 수 있는 상황이라면 어디서 어떻게 그런 일이 일어났는지까지 보다 분명하게 표현할 수 있을 것이다.

19

동작과 방향을 정확하게 표현하자

이 그림에서는 토끼의 움직임을 어떻게 표현하는 것이 좋을까?

"토끼가 깡충깡충 뛰어다니고 있다."

위의 문장에는 오로지 토끼가 뛰어다니고 있다는 정보만 담겨 있다.

그림 속 토끼의 움직임을 정확하게 나타내려면 토끼가 뛰어다니는 궤적, 토끼가 향하는 방향 등도 표현해야 한다.

그림을 보고 알 수 있는 사항은 2가지다.

"토끼가 지그재그를 그리며 들판을 깡충깡충 뛰어갔다."

"토끼는 나무들이 있는 쪽으로 향했다."

이 두 정보를 더하면 아래와 같이 말할 수 있다.

"토끼는 나무들이 있는 쪽을 향해 지그재그를 그리며 들판을 깡충깡충 뛰어갔다."

이처럼 움직임을 표현할 때는 다음의 2가지 요소를 반드시 담아야 한다.

- 움직이는 방식
- 방향

20

사물의 움직임을 본떠 표현하자 ①

아래와 같은 그림은 사물의 움직임에 따라 표현하면 된다.

"쓰레기가 쓰레기통에 들어가지 않았다."

이렇게 쓰면 결과는 알 수 있지만, 그림 속 광경이 고스란히 떠오르지는 않는다. 상황이 그대로 떠오르도록 표현하려면 사물의 움직임을 빈틈없이 포착해야 한다.

쓰레기를 쓰레기통을 향해 던진 것이 아니라, 쓰레기통 바로 위에서 떨어트렸다. 쓰레기가 쓰레기통의 가장자리에 부딪쳤다. 쓰레기가 쓰레기통에 들어가지 않았다.

쓰레기의 움직임을 단순하게 정리하면 '떨어뜨리다(떨어지다)', '부딪치다', '들어가지 않다'가 된다. 이 3가지 움직임을 표현에 추가해 한 문장으로 만들면 이런 글이 나온다.

"쓰레기통 바로 위에서 떨어뜨린 쓰레기가 쓰레기통 가장자리에 부딪쳐 안으로 들어가지 않았다."

만약 한 문장으로 합치기가 어렵다면 이런 방법도 있다.

"쓰레기통 바로 위에서 떨어뜨린 쓰레기가 쓰레기통 가장자리에 부딪쳤다. 쓰레기통 가장자리에 부딪친 쓰레기가 쓰레기통 안으로 들어가지 않았다."

영상을 한 장면씩 끊어서 보듯이 나눠서 표현하는 것이다.

움직임을 정확하고 세밀하게 나타내기 위해서는 먼저 눈앞에 있는 몇 가지 상태를 순식간에 포착하는 것이 특히 중요하다. 표현은 상황을 제대로 파악한 뒤에 생각하면 된다.

21

사물의 움직임을 본떠 표현하자 ②

이번에는 다음의 그림을 설명해 보자.
사물의 움직임을 표현하는 연습이 된다.

"까마귀가 철수에게 똥을 떨어뜨렸다."

이렇게 적어도 뜻은 이해가 된다. 하지만 까마귀와 철수의 상태 그리고 각각의 위치를 조금 더 자세히 나타내면 훨씬 구체적이고 정확한 설명이 된다. 그림을 보고 우리가 더 파악할 수 있는 사실은 무엇이 있을까?

"까마귀는 전선 위에 앉아 있다."

"까마귀 바로 밑에 철수가 서 있다."

"까마귀는 철수의 머리 위로 똥을 떨어뜨렸다."

이번에는 이 사실들을 모두 합쳐 문장을 만들어보자.

"전선 위에 앉아 있던 까마귀가 바로 밑에 선 철수의 머리 위로 똥을 떨어뜨렸다."

이처럼 사물의 움직임(여기서 말하는 사물은 까마귀의 똥)에 따라 설명하면 표현이 매끄럽게 정돈된다.

전선 위에 앉은 까마귀의 똥은 위에서 아래로 떨어진다. 따라서 맨 처음에는 위, 다시 말해 전선에 앉은 까마귀를 먼저 표현한 다음 철수의 위치를 표현해 까마귀 똥이라는 사물의 움직임을 나타내는 것이다.

22

움직임의 원인을 함께 표현하자

움직임의 발단이 되는 대상을 함께 표현하는 것도 중요하다.
아래의 그림은 어떻게 설명하면 좋을까?

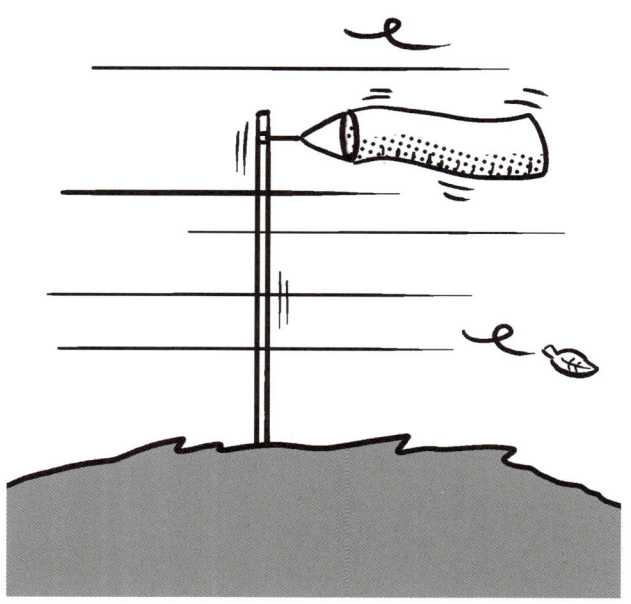

"풍향기가 나부끼고 있다."

'나부끼다'라는 표현은 올바르지만, 이것만으로는 정답이라 할 수 없다.

적어도 어떤 식으로 나부끼는지 설명을 조금 더 덧붙여 보면 어떨까?

그러면 이런 식으로 보충할 수 있다.

"풍향기가 수평으로 나부끼고 있다."

그래도 부족하다면? 현재 상황을 상대에게 한층 정확하게 전달하고 싶다면 어떻게 해야 할까? 풍향기를 움직이는 것은 바람이므로 바람에 관한 설명을 덧붙이면 된다. 풍향기가 수평으로 펼쳐져 나부끼는 것은 제법 강한 바람이 불고 있다는 증거다.

따라서 이렇게 표현할 수 있다.

"바람이 세서 풍향기가 수평으로 나부끼고 있다."

여기까지는 풍향기가 주체인 표현이지만, 바람을 주체로 삼아 강풍이 불고 있다는 사실을 알리고 싶다면 다음과 같이 말하면 된다.

"풍향기가 수평으로 나부낄 정도로 강한 바람이 불고 있다."

23

차이를 표현하자

마치 여름 방학에 쓴 그림일기의 한 페이지 같은 그림이 있다.
당신은 이 그림을 어떻게 설명하겠는가?

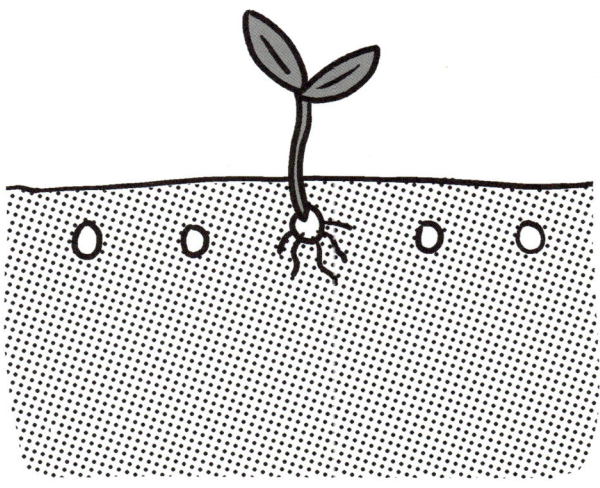

"싹이 텄다."

이렇게 쓰면 여러 씨앗 중에서 싹이 난 하나의 씨앗만 설명할 수 있다. 씨앗은 모두 5개이니 씨앗의 차이도 포함해서 표현하면 된다. 요컨대 하나는 싹을 틔웠지만, 나머지 4개는 아직 발아하지 못했다는 차이를 설명하면 된다는 이야기다.

따라서 문장은 이렇게 된다.

"5개의 씨앗 가운데 하나에서 싹이 텄다."

물론 모든 씨앗이 싹을 틔웠다면 "씨앗 5개에서 모두 싹이 나왔다"라고 설명하면 된다.

대상이 여러 개 있을 때는 그중 하나만 보고 표현하기보다 모두 관찰한 다음 서로의 차이까지 함께 표현해야 내용을 한결 정확하게 전달할 수 있다.

이 방법은 같은 종류의 대상들이 모두 똑같이 움직이는지, 아니면 그중 다르게 움직이는 대상이 있는지를 분명하게 표현하고자 할 때 특히 중요하다.

24

동작에 형용사를 붙이자

동작에 형용사를 더할 때는 즈의해야 할 점이 있다.
먼저 아래의 그림을 보고 상황을 설명해 보자.

"민수는 달리는 속도가 빠르다."

내용이 부족하다는 점은 굳이 말할 필요도 없을 것이다.

민수가 빠르다는 사실은 틀림없지만, 민수가 얼마나 빠른지, 누구에 비해 빠른지 제대로 설명하지 않으면 그 자리에 없는 사람은 상황을 제대로 이해하지 못한다.

'빠르다', '크다', '세다'는 모두 형용사이고, 상대적 관계를 표현할 때 사용한다. 다시 말해 서로 대비되는 대상이 있어야 비로소 민수가 '빠르다'고 말할 수 있다는 이야기다. 반대로 민수가 민수보다 달리기가 빠른 영수와 시합을 했다면 민수는 '느린' 사람이 된다.

이 그림에서 민수와 겨루는 상대는 철수다. 두 사람의 상대적 관계를 분명하게 표현하면 이렇게 쓸 수 있다.

"민수는 철수보다 달리는 속도가 빠르다."

형용사를 쓸 때는 이처럼 대비되는 대상을 더해서 '~보다', '~에 비해'라고 표현해야 한다. 어릴 적 차를 타고 가다가 고속열차를 보면 "열차가 정말 빠르다!"라고 감탄하곤 했는데, 사실 정확한 표현은 아니었던 셈이다. 더 정확하게 말하려면 "고속열차는 우리 차보다 빠르네!"라고 표현해야 한다.

25

근거 없는 짐작은 금물 ①

이번에는 동작 이외의 요소에 초점을 맞추어 생각해 볼 차례다.
다음의 그림에서 상자 속 내용물은
밖에서 보이지 않는다고 가정하자.

"민수는 뱀을 손으로 잡으려 한다."

"뱀은 민수의 오른손을 물려고 한다."

사실 위의 문장들은 모두 억측에 지나지 않는다. 그림의 내용을 제대로 파악하고 표현했다고는 할 수 없다.

과연 민수는 상자 안에 살아 있는 뱀이 들어 있다는 사실을 알아차렸을까? 바로 여기서부터 시작해야 한다. 민수가 상자 안에 무엇이 들어 있는지 아직 모른다면, 그림을 보고 알 수 있는 점은 2가지다.

"상자 안에는 살아 있는 뱀이 들었다."

"민수는 상자 안에 오른손을 집어넣으려 하고 있다."

이 2가지 사실을 조합해서 표현하면 이렇게 된다.

"민수는 살아 있는 뱀이 든 상자에 오른손을 집어넣으려 하고 있다."

사람은 나이가 들수록 근거 없는 추측을 바탕으로 사물이나 상황을 보려 하는 경향이 강해진다. 그러나 계속 억측을 바탕으로 말하면 무엇이 사실이고 무엇이 짐작인지 알 수 없게 되고 결국 생각과 판단까지 흐려진다.

잘못된 판단을 막기 위해서는 눈에 비치는 사람의 행동이나 사물의 상태를 근거 없는 추측이 아닌 지금 정확히 아는 사실로 표현해야 한다. 이 점을 꼭 마음에 새겨두자.

26

근거 없는 짐작은 금물 ②

그렇다면 아래의 그림은 어떨까?

"떨어졌다."

설마 이렇게 두루뭉술하게 설명하는 사람은 없겠지만, 이 같은 표현으로는 역시 합격점을 받을 수 없다. 움직임의 주체가 없는 데다 어디에서 어디로 떨어졌는지 아무런 정보도 담겨 있지 않기 때문이다.

그렇다면 이런 설명은 어떨까?

"미끄러져 떨어졌다."

이 표현도 불합격이다.

주체는 민수이고 지붕에서 땅바닥으로 떨어진 상황인데, 그림만 봐서는 미끄러져 떨어졌는지 중심을 잃고 비틀거리다 떨어졌는지 정확한 원인을 알 수 없다. 분명하지 않은 부분을 자기 마음대로 상상해서 덧붙여서는 안 된다.

그림을 보고 알 수 있는 사실만 표현하면 이런 문장이 된다.

"민수는 지붕에서 바닥으로 떨어졌다."

만약 어떤 시점에 떨어졌는지 아는 상황이라면 이렇게도 표현할 수 있다.

"민수는 ○○한 순간, 지붕에서 바닥으로 떨어졌다."

27

주체의 의지도 고려해서 표현하자

행동에 주체의 의지가 담겨 있는지 아닌지를
함께 나타내는 것도 정확한 표현의 포인트다.
다음의 그림을 보고 상황을 설명해 보자.

"고양이를 향해 빛을 비추었다."

영수의 행동을 그대로 나타낸 문장이기는 하지만, 가능하다면 영수의 의지까지 고려해서 표현해야 한층 바람직한 설명이 된다. 다시 말해 고양이가 있다는 사실을 알고 손전등을 비추었는지, 아니면 손전등을 비추다 보니 우연히 고양이가 있었는지가 중요하다는 뜻이다.

고양이가 있다는 사실을 알고 손전등의 불빛을 비추었다면 이렇게 표현하면 된다.

"영수는 풀밭에 있는 고양이를 향해 불빛을 비추었다."

반대로 영수가 손전등을 비춘 곳에 우연히 고양이가 있는 상황이었다면 어떨까?

"영수가 불빛을 비춘 곳에 마침 고양이가 앉아 있었다."

이렇게 표현할 수 있다.

이번에는 조금 다른 예를 들어보자. 행동에 의지가 담겨 있을 때는 "영수는 기둥에 몸을 들이받았다"가 되고, 의지가 담겨 있지 않을 때는 "영수의 몸이 기둥에 부딪혔다"가 된다. 이처럼 의지가 담겨 있느냐 없느냐에 따라 표현 또한 크게 달라진다.

02

감각 표현하기

소리나 진동처럼 눈에 보이지 않는 것을 상대에게 정확하게 전하기란 쉽지 않다. 오로지 말이나 글로만 상대에게 그림 속 상황을 설명하려면 어떻게 표현해야 할지 곰곰이 생각해 보자.

28 감각

소리를 정확하게 표현하자 ①

아래 그림 속 상황은 어떻게 설명할 수 있을까?

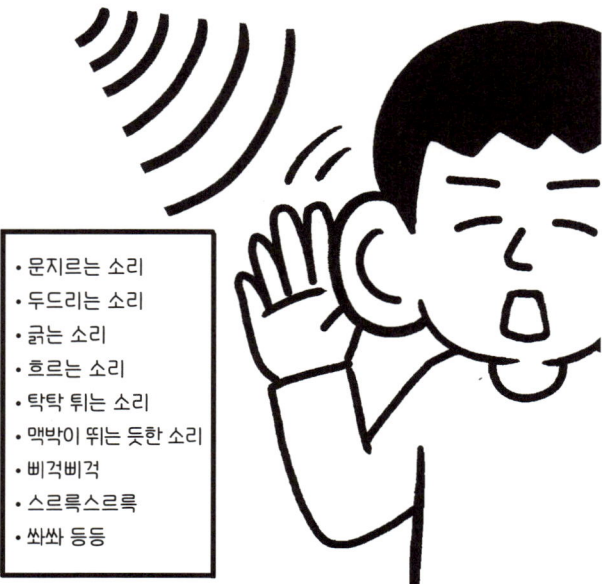

- 문지르는 소리
- 두드리는 소리
- 긁는 소리
- 흐르는 소리
- 탁탁 튀는 소리
- 맥박이 뛰는 듯한 소리
- 삐걱삐걱
- 스르륵스르륵
- 쏴쏴 등등

소리에도 아주 다양한 종류가 있다.

"소리가 난다."

이렇게만 표현해도 뭔가 소리가 들린다는 사실은 알릴 수 있지만, 이야기를 듣는 사람은 실제로 어떤 소리가 났는지 조금도 짐작하지 못한다. 따라서 이 표현은 불합격이다.

만약 상대에게 어떤 소리가 나는지 알리고 대처 방법을 묻고 싶다면 다음과 같은 사항들까지 함께 전해야 한다.

- 어떨 때 소리가 나는가?
- 소리가 나는 부분, 방향은?
- 어떤 소리인가? (문지르는 소리, 두드리는 소리, 긁는 소리, 액체가 흐르는 소리, 탁탁 튀는 소리, 맥박이 뛰는 듯한 소리, 삐걱삐걱, 스르륵스르륵, 쏴쏴 등)
- 소리의 강약은?
- 소리가 계속 이어지는지, 중간에 끊어지는지?
- 소리가 나는 빈도나 주기는?

이 항목들을 파악해서 조합하면 어떤 표현이 나올까?

"상자 안에서 쉭쉭거리는 소리가 세졌다가 약해지기를 반복하며 계속 난다."

"뭔가를 두드리는 듯한 소리가 이따금 남쪽에서 들려온다."

위와 같이 소리를 구체적으로 설명할 수 있다.

29

감각

소리를 정확하게 표현하자 ②

그렇다면 아래 그림을 보고
①과 ②를 각각 표현하려면 어떻게 해야 할까?

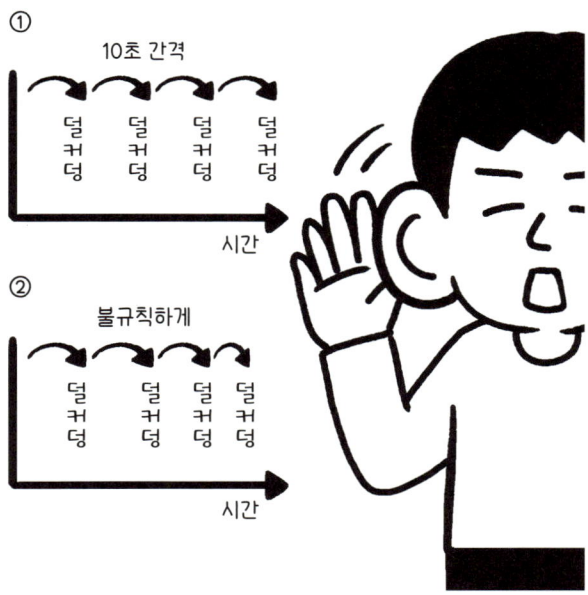

"소리가 난다."

앞에서 이야기했듯이 이렇게 설명해서는 상황이 제대로 전해지지 않는다.

소리를 표현할 때는 소리의 종류뿐만 아니라 소리가 나는 방식도 드러내야 한다.

①번 그림에서는 10초 간격으로 소리가 나고 있다. 다시 말해 주기적으로 소리가 들린다는 뜻이다.

반면 ②번 그림은 소리가 나는 간격이 제각각이다. 말하자면 일정한 간격 없이 소리가 때때로 들려온다는 것이다.

따라서 이 둘을 각각 설명하면 다음과 같이 말할 수 있다.

① "덜커덩거리는 소리가 10초 간격으로 들려온다."
② "덜커덩거리는 소리가 때때로 들려온다."

경우에 따라서는 소리가 나는 방식과 함께 소리의 크기까지 표현할 필요도 있다.

"희미한 소리."

"머리가 울릴 듯이 커다란 소리."

이처럼 자신의 주변에서 발생하는 다양한 소리를 귀 기울여 듣고 자세하게 표현해 보자.

30

진동을 명확하게 표현하자

다음의 그림은 어떻게 표현하면 좋을까?

"탁자가 진동하고 있다."

물론 맞는 말이지만, 가능하다면 좀 더 분명하게 표현하고 싶다.

탁자의 일부가 흔들리고 있는지, 탁자 전체가 흔들리고 있는지. 그리고 진동이 어디에서 비롯되었는지 알 때는 진동이 발생하는 부분까지 포함해서 표현하면 된다.

진동이 탁자 위에 있는 작은 팬에서 시작된다면 이렇게 쓸 수 있다.

"팬이 돌아갈 때 발생하는 진동 때문에 탁자 전체가 흔들린다."
"팬이 돌아갈 때 생기는 진동이 탁자 전체로 퍼졌다."

진동도 소리와 마찬가지로 다음과 같은 사항들까지 아울러 표현해야 한결 분명하게 전할 수 있다.

- 어떨 때 진동이 생기는가?
- 진동하는 부분, 범위는?
- 진동의 강약은?
- 진동이 계속 이어지는지, 중간에 끊어지는지?
- 진동의 빈도와 주기는?

이러한 상태를 온전히 파악하려면 자세히 관찰하는 과정이 무엇보다 중요하다.

03

변화 표현하기

시간이 흐름에 따라 무언가 점차 변화하는 모습을 다른 사람에게 온전히 전하기란 생각보다 어렵다. 하지만 지금까지 살펴본 포인트들을 염두에 두면 한결 좋은 표현으로 갈고닦을 수 있다. 3장에서는 오로지 말이나 글만으로 상대에게 변화를 설명하려면 어떻게 해야 하는지 살펴보고자 한다.

31

근거 없는 짐작은 버리고 보이는 그대로 표현하자 ①

한 낚시꾼이 9시에 낚시를 시작한 이후 7시간이 지났다.
이 그림 속 상황을 다른 사람에게 설명하려면 뭐라고 표현해야 할까?

"물고기를 한 마리밖에 못 잡았다."

위의 표현은 상황의 배경에 대한 설명이 턱없이 부족하다. 게다가 '물고기를 더 많이 낚고 싶다'는 낚시꾼의 생각까지 담겨버렸다. 그림에는 낚시꾼이 어떤 생각을 하는지는 드러나 있지 않다. 따라서 그림 속의 상황을 정확하게 포착하지 못한 내용이므로 정답이라 할 수 없다.

이럴 때 유의해야 할 부분은 우선 시간의 흐름에 따라 상황을 표현해야 한다는 점이다.

"낚시꾼은 9시부터 16시까지 줄곧 낚시를 하고 있다."

"그동안 잡힌 물고기는 한 마리다."

따라서 이 정보들을 바탕으로 다음과 같이 적을 수 있다.

"9시부터 16시까지 잡힌 물고기는 한 마리다."

왜 '한 마리밖에'가 아니라 '한 마리다'라고 적었을까?

'한 마리밖에'는 비교할 대상이 있어야만 쓸 수 있는 표현이기 때문이다.

그림 속 낚시꾼의 옆자리에 똑같이 물고기를 낚는 사람이 있는데 그가 물고기를 많이 잡았다든지, 같은 사람이 다른 날 낚시를 했을 때는 물고기를 잔뜩 낚았다든지. 이처럼 비교할 상황이 없다면 '한 마리다'라고 표현해야 한다. 비교할 대상이 없을 때는 자신에게 보이는 상황을 있는 그대로 표현해야 하기 때문이다.

또한 '한 마리밖에'는 보통은 물고기가 더 많이 잡히기 마련이라는 생각이나 편견이 담긴 표현이므로 보는 사람의 근거 없는 판단이 반영되었다 할 수 있다. 상황을 정확하게 전하려면 생각은 덜어내고 객관적으로 표현하는 것도 중요하다.

이번에는 말하는 이가 의도적으로 본인의 생각을 반영해 상황을 표현하면 어떤 일이 일어나는지 이야기해 보려 한다.

이것은 나의 경험담이기도 한데, 갓 사회인이 된 시기에는 새로운 동료들과 관계를 쌓고 필요한 물건을 사느라 여러모로 돈이 많이 든다. 월급날까지 아직 이틀이 남았을 때 수중에 남은 돈이라고는 고작 1,000엔뿐이었다.

그럴 때 "수중에 1,000엔밖에 없다"라고 생각하면 마음이 불안해지지만, "수중에 1,000엔이나 있다"라고 생각하면 왠지 마음이 편안해지고 긍정적인 기분이 든다. "1,000엔이나 있다"라고 생각하면 남은 하루 동안 남은 돈으로 어떻게 지내야 좋을지 적극적으로 생각하게 되기 때문이다.

이렇게 자신의 의지를 담아서 '1,000엔밖에'가 아니라 '1,000엔이나'라고 긍정적으로 표현하면 자기 자신은 물론 상대의 생각과 행동 또한 긍정적으로 변화한다.

다만 여기서도 한 가지 주의할 점이 있다. 수량의 차이나 변화를 나타내기 위해 '많다(많아지다)', '적다(적어지다, 줄다)', '강하다(강해지다)', '약하다(약해지다)', '빠르다(빨라지다)', '느리다(느려지다)' 같은 형용사를 쓸 때, 비교 대상을 명확하게 제시하지 않은 채 무작정 쓰는 경우가 생각보다 많다.

"서울에 갔더니 사람이 무척 많았다."

위와 같이 비교할 대상을 분명히 드러내지 않으면 "내가 사는 지역과 달리 서울은 길거리에 사람이 매우 많았다"는 말인지, "휴일인데도 사무실이 밀집된 거리에 사람이 매우 많았다"는 말인지 알 수 없다.

특히 수치의 변화를 표현할 땐 비교 대상을 명확하게 지정해야만 상대에게 뜻이 정확하게 전해진다.

"온도가 5도 낮다."

예를 들면 위 같은 표현 대신 아래처럼 비교 대상이 겉으로 또렷하게 드러나야 한다.

"어제에 비해 온도가 5도 낮다."

"평년 기온에 비해 5도 낮다."

형용사를 사용할 때 반드시 주의해야 할 점은 2가지가 있다.

① 무엇과 비교하는가.

② 비교하는 대상과 어느 정도 차이가 나는가.

형용사를 사용해 표현할 때는 2가지 사항을 꼭 눈여겨보자.

32

근거 없는 짐작은 버리고
보이는 그대로 표현하자 ②

아래의 그림은 펜을 들고 종이에 선을 긋는 모습이다.
그림의 내용을 어떻게 설명하면 좋을까?

"잉크가 나오지 않는다."

잉크가 나오지 않는다고 말하면 상대에게 오해를 불러일으킬 수도 있다. 어쩌면 잉크는 펜 끝에서 충분히 나오고 있지만, 종이에 군데군데 제대로 묻어나지 않는 것뿐일지도 모른다.

"잉크가 부족하다."

이렇게 표현해도 완전하지 않다.

주의할 점은 선입견 때문에 잉크를 주체로 생각하기 쉽다는 사실이다.

그림 속의 상황을 있는 그대로 나타내면 이렇게 된다.

"펜으로 선을 그었다."

"선이 중간중간 뚝뚝 끊어졌다."

이 사실을 바탕으로 상황을 정확하게 표현하려면 어떻게 써야 할까?

"(펜으로 선을 그었더니) 선이 중간중간 뚝뚝 끊어졌다."

위와 같이 설명해야 한다.

상황을 표현할 때는 선입견을 배제하고 눈에 보이는 모습을 그대로 나타내야 한다.

33

근거 없는 짐작은 버리고 보이는 그대로 표현하자 ③

다음은 페트병에 든 물을 나타낸 그림이다.
어제와 오늘의 모습을 비교했을 때
무엇이 달라졌는지 설명해 보자.

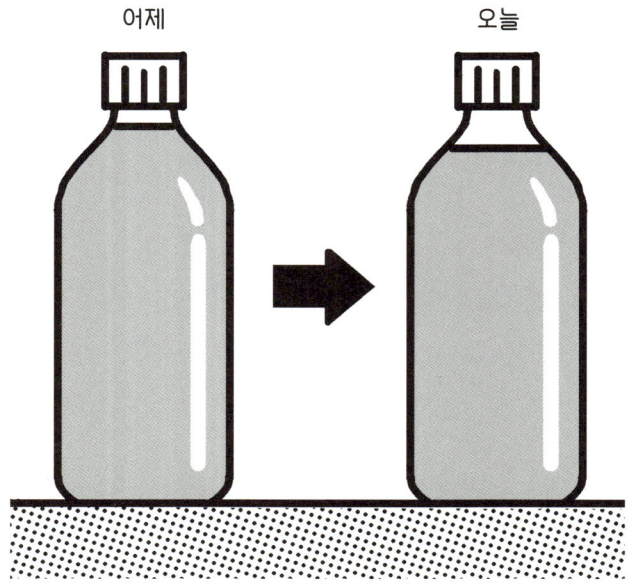

"물이 줄어들었다."

사실 이렇게만 말하면 상태를 정확하게 표현했다고 말할 수 없다. 앞서 이야기했듯이 어떤 사물의 상태를 표현할 때는 보이는 그대로 나타내는 것이 중요하다. 그러나 눈에 비치는 대로 표현하기란 말로는 쉬워도 실제로는 자못 어려운 일이다.

"물이 줄어들었다"라는 말은 물의 양 자체가 줄었다는 뜻이다. 하지만 이 그림만 보고 물의 양이 줄어들었다고 단정 짓기는 너무 이르다. 어쩌면 페트병이 팽창되는 바람에 물의 양은 그대로임에도 불구하고 수면이 낮아진 것일 수도 있기 때문이다.

수면이 낮아진 것은 분명한 사실이니 이처럼 표현할 수 있다.

"페트병 속에 든 물의 수면이 낮아졌다."

여기서 문장을 더 손보자면 무엇에 비해 어느 정도 낮아졌는지 아는 범위 내에서 내용을 추가하는 것이 좋다.

"페트병 안에 든 물의 수면이 어제에 비해 조금 낮아졌다."

수면이 얼마나 내려갔는지 정확한 값을 알 때는 '조금'이 아니라 분명한 값을 직접 문장에 넣으면 된다.

34

어떤 양상으로 변화하는지 파악하자

아래의 그림을 보고 서울과 부산의 기온 변화를
다른 사람에게 설명하려면 어떻게 표현해야 할까?

시각	AM 10:00	AM 11:00	AM 12:00
서울의 기온	10℃	9℃	7℃
부산의 기온	10℃	10℃	5℃

"서울의 기온은 10도, 9도, 7도로 낮아지는 데 비해 부산은 10도, 10도, 5도로 낮아진다."

이렇게 수치를 그대로 나열하기만 해서는 기온이 어떤 식으로 변화했는지 제대로 설명하지 못한다.

변화의 양상을 설명하고 싶다면 다음과 같이 표현해야 한다.

"서울에서는 오전 10시부터 한 시간이 지날 때마다 기온이 10도, 9도, 7도로 서서히 떨어진다. 반면 부산에서는 오전 10시에 10도, 11시에 10도, 12시에 5도로 오전 11시 이후 기온이 급격히 떨어진다."

혹은 이렇게 말할 수도 있다.

"서울의 기온은 오전 10시에 10도였다가 서서히 낮아져 12시에는 7도까지 떨어진다. 반면 부산의 기온은 오전 10부터 11시까지는 10도이지만, 11시 이후 한 시간 만에 5도가 떨어진다."

변화의 양상을 자세히 설명하고 싶다면, 수치를 그대로 나열하기보다는 수치에서 읽어낼 수 있는 변화의 모습까지 온전히 표현해야 한다.

35

부사를 덧붙여 표현하자

다음은 시간의 흐름에 따른 온도의 변화를 기록한 그림이다.
각각 어떻게 설명하면 좋을까?

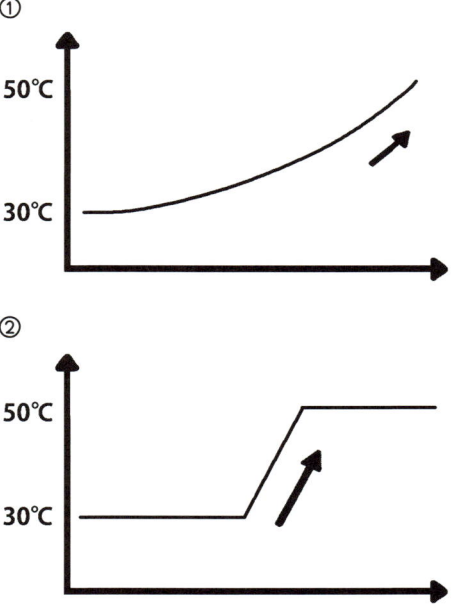

"온도가 20도 올라갔다."

물론 두 경우 모두 온도가 20도 높아진 것은 사실이지만, 이렇게만 말하면 내용이 온전히 전해지지 않는다. 단순히 20도라는 숫자를 집어넣고 끝내지 말고, 온도가 어떻게 올라갔는지를 표현해야만 한다. 두 그래프 속에서 온도는 아래와 같이 높아졌다.

① "온도가 서서히 20도만큼 높아졌다."

② "온도가 급격히 20도 높아졌다."

이렇게 숫자의 변화를 설명할 때는 '어떻게'를 나타내는 부사를 반드시 덧붙여서 표현해야 한다. 어느 시점부터 높아졌는지 안다면 그 내용도 더해주면 된다.

때에 따라서는 다음과 같은 표현을 더하는 것도 고려해야 한다.

"(어떤 시점에) 갑자기"

"이따금"

"주기적으로"

무엇보다 머릿속에 그래프를 그릴 수 있을 만큼 숫자의 변화를 꼼꼼히 관찰한 다음 정확하게 표현해야 한다는 점을 잊지 말자.

36

눈에 보이는 그대로 정확하게 표현하자

아래 그림에는 ①부터 ④까지 4장의 종이에
기준선과 절취선이 그려져 있다.
기준선(점선)과 절취선(실선)의 모양을
각각 글로 설명하면 어떤 내용이 될까?

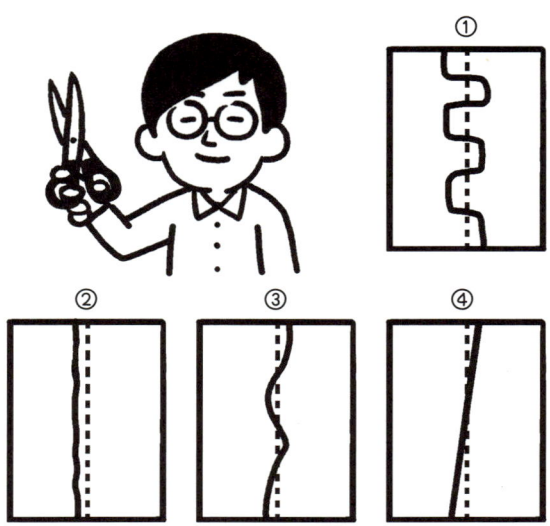

"절취선이 기준선에서 벗어났다."

이렇게만 쓰면 구체적으로 선이 어떻게 벗어나 있는지 분명히 알 수 없다.

- 자르고 난 모양이 어떤지.
- 기준선에서 어떤 방향으로 벗어났는지.

적어도 위와 같은 요소들을 보이는 그대로 정확하게 표현할 필요가 있다.

모양과 방향에 대한 내용을 덧붙여 ①부터 ④까지 각각의 그림을 설명하면 이렇게 된다.

① "절취선이 기준선을 넘나들며 좌우로 지그재그를 그렸다."
② "절취선이 기준선 왼쪽으로 평행하게 벗어났다."
③ "절취선이 기준선을 넘나들며 좌우로 구불구불 구부러졌다."
④ "절취선이 기준선에서 비스듬히 기울어져 벗어났다."

여기에 절취선이 기준선에서 벗어난 정도를 '조금(약간)', '많이(크게)' 같은 부사로 표현하거나 아래의 문장처럼 정확한 수치를 더해 표현하면 더욱 바람직하다.

"절취선이 기준선을 최대 ○○센티미터씩 넘나들며 좌우로 지그재그를 그리고 있다."

04

문제 상황 표현하기

문제가 되는 상황을 맞닥뜨렸을 때 상황을 정확하고 구체적으로 설명할 수 있는가? 4장에서는 다양한 문제 상황을 다른 사람에게 알려야 하는 경우에 대해 함께 생각해 보자.

37

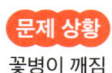
꽃병이 깨짐

단어 말고 문장으로 표현하자

그림과 같은 상황은 어떻게 설명해야 할까?

"깨진 꽃병."

우리가 가장 멀리해야 할 표현이다. 이런 방식은 명사로 문장을 끝맺는다고 해서 '체언 종결'이라고도 부른다. 그런데 체언으로 말을 마치면 문장이 가리키고 있는 시점이 불분명해진다. 지금 막 눈앞에서 '깨졌는지', 방에 들어가 보니 이미 '깨져 있었는지', 말이 정확히 어떤 시점을 담고 있는지 알 수 없게 된다. 이렇게 표현의 시점이 분명하지 않으면 듣는 사람도 자기 마음대로 해석하기 십상이다. 그렇다면 상대에게 정확하게 내용을 전하려면 어떻게 해야 할까?

"창가의 탁자 위에 놓여 있던 꽃병이 깨졌다."

또는 이렇게 표현할 수도 있다.

"창가의 탁자 위에 놓여 있던 꽃병이 깨져 있었다."

깨진 부분도 자세히 표현해서 **"꽃병의 주둥이가 깨져 있었다"** 라고 설명하면 더욱 좋다.

'물이 샜다'는 표현도 마찬가지다. **"물이 새어 나왔다"**인지 **"물이 새어 나와 있었다"**인지 정확하게 표현해야 한다.

물이 막 흘러나오기 시작했을 때 자신이 그 자리에 있었거나 물이 모두 흘러나온 다음 곧장 알아차렸다면 **"물이 새어 나왔다"** 이지만, 물이 흘러나왔음을 알아채지 못해 시간이 흐른 뒤에야 발견했다면 **"물이 새어 나와 있었다"**가 된다.

38

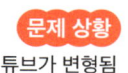
튜브가 변형됨

근거 없는 짐작을 버리고 보이는 그대로 표현하자 ①

그렇다면 아래의 그림은 어떻게 설명하면 좋을까?

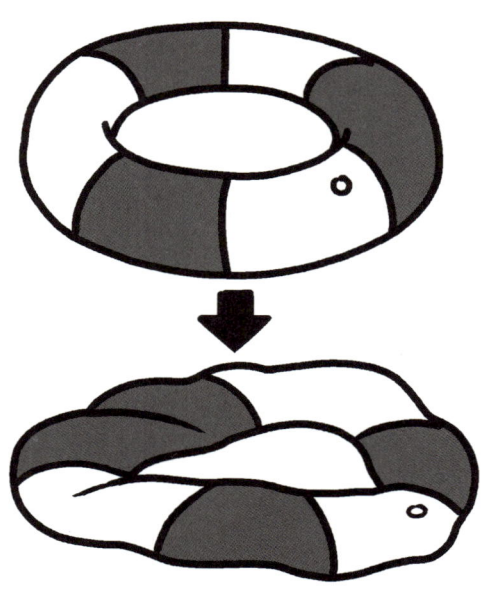

"튜브에 바람이 빠졌다."

앞에서 이야기했듯이 눈앞에서 벌어진 상황을 있는 그대로 인식하면 되는데도 사람은 나이가 들수록 억측을 바탕으로 말하는 경향이 있다.

정말 그림 속 튜브는 바람이 빠진 것일까? 튜브의 어딘가에 구멍이 났거나 공기 마개 부분에 빈틈이 생겼다는 확실한 증거 없이 "바람이 빠졌다"고 설명해서는 안 된다.

우리가 본 광경을 그대로 표현하면 이렇게 말할 수 있다.

"튜브가 오그라들었다."

"탱탱했던 튜브의 부피가 처음에 비해 줄어들었다."

"튜브의 주름이 처음에 비해 늘어났다."

무엇을 보든 함부로 추측하지 않고 대상을 바라보아야 한다는 점을 잊지 말자.

39

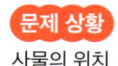

근거 없는 짐작을 버리고
보이는 그대로 표현하자 ②

아래의 그림도 비슷한 예다.
함부로 짐작하지 않고 사물의 위치 관계를 제대로 표현해야만
상대에게 그림 속 상황을 정확하게 전할 수 있다.

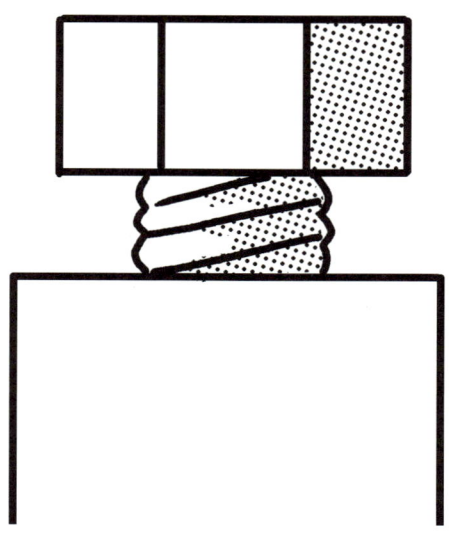

"볼트가 느슨해졌다."

이 그림을 보고 위와 같이 설명하는 사람이 적지 않다. 하지만 이 문장은 그림 속의 사물을 정확하게 담아내지 못한다.

사물을 설명할 때는 자신이 사용하는 말의 뜻을 온전히 이해한 뒤 표현해야 한다. '느슨해졌다'라는 말은 처음에는 단단히 죄였던 것이 시간의 흐름에 따라 점차 헐거워졌음을 가리킨다. 예전에는 꼭 죄여 있었는지 어땠는지 알지 못하는데도 "느슨해졌다"고 하면, 처음에는 볼트가 단단히 죄여 있었을 것이라는 선입견을 가지고 바라보게 된다. 즉, "볼트가 느슨해졌다"라는 말은 볼트가 원래 어떤 상태였는지 모르는 이상 억측이 담긴 표현이라는 것이다.

평소 자주 입는 잠옷 바지를 보고 "고무줄이 늘어났다"라고 분명하게 말할 수 있는 이유는 기존에 바지가 어떤 상태였는지 알고 있기 때문이다.

역시 본래의 상태를 모를 때는 눈에 보이는 모습을 있는 그대로 표현해야 한다는 점이 중요하다. 이 문제의 정답은 다음과 같다.

"볼트의 머리와 판자 사이에 틈이 있다."

평소 자주 들어 익숙한 표현이라고 해서 상황을 살피지 않고 무심코 사용하지 않도록 주의하자.

40

나사가 없음

근거 없는 짐작을 버리고
보이는 그대로 표현하자 ③

아래 그림의 내용도 설명해 보자.

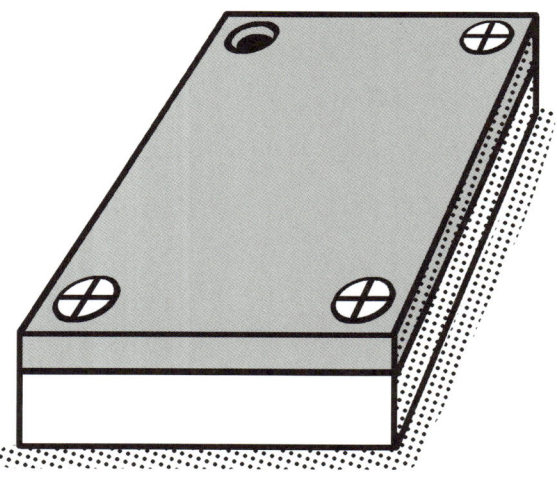

"나사가 풀렸다" 또는 "나사가 빠졌다".

이 두 표현에도 근거 없는 추측이 담겨 있다. 처음에는 나사가 4개 모두 있었으리라는 추측 말이다.

"나사가 없다."

이 말은 어떨까? 없다고만 말하면 몇 개의 나사 가운데 몇 개가 없다는 이야기인지 알 수 없다.

따라서 어떤 표현도 합격을 받기는 어렵다.

함부로 짐작하지 않고 상태를 보이는 그대로 표현하면 다음과 같이 쓸 수 있다.

"4개의 나사 중 하나가 없다."

"나사 4개 중 하나만 없다."

상하나 좌우 같은 방향이 분명한 경우에는 방향도 덧붙이면 된다.

"4개의 나사 가운데 왼쪽 위의 나사 하나가 없다."

그러면 표현이 한결 분명해진다.

눈앞의 대상이 어떤 과정을 거쳐 지금에 이르렀는지 알지 못할 때는 우선 보이는 그대로 표현해야 한다는 점을 명심하자.

41

물고기가 없음

비교해서 표현하자

그렇다면 다음 그림과 같은 상황은 어떻게 설명하면 좋을까?

"물고기가 잡히지 않는다."

이 문장으로는 그림에 담긴 상황을 제대로 설명하기가 어렵다. 그림을 살펴보면 애초에 '물고기가 잡히지 않는' 것이 아니라 '낚싯바늘 근처에 물고기가 없는' 상황이다. 그림 속의 상황을 그대로 적어보면 이런 사실들을 파악할 수 있다.

"낚싯바늘 끝에는 미끼가 달려 있다."

"낚싯바늘 근처에는 물고기가 한 마리도 없다."

"낚싯바늘이 있는 위치보다 깊은 곳에 물고기가 있다."

내용을 조합하면 다음과 같은 문장이 된다.

"수심이 깊은 곳에는 물고기가 있지만, 미끼가 달린 낚싯바늘 주변에는 물고기가 한 마리도 없다."

포인트는 '비교'다. 낚싯바늘 주변만 묘사하는 것이 아니라 수심이 깊은 곳에 견주듯이 표현하면 상황을 훨씬 명확하게 전할 수 있다.

다만 때로는 어떤 정보를 너무 정확하게 전해서 불리해질 수도 있다.

"시험에서 60점을 받았다."

여기에 비교를 더하면 "사람들은 대부분 70점 이상이었는데, 나는 60점을 받았다"처럼 지나치게 솔직한 표현이 되기 때문이다.

42

종이가 찢어짐

의미를 가장 잘 드러내는 단어로 표현하자 ①

문제가 발생했을 때는 상대에게 사태를 명확하게 알려야 한다.
다음과 같은 경우는 어떻게 설명해야 할까?

"종이가 찢어졌다."

일상생활에서 흔히 듣는 말이지만, 이것만으로는 합격점을 받을 수 없다. 무언가를 본 대로 표현하는 건 언뜻 쉽게 느껴지지만 실제로는 제법 어려운 일이다.

이 그림에서는 종이가 찢어진 모습을 보이는 그대로 나타내야 한다.

①은 '갈라지다'.

②는 '찢기다'.

③은 '구멍이 뚫리다'.

여기에 아래의 두 가지 표현을 덧붙여야 한다.

· 찢어진 위치

· 찢어진 방향

① **"직사각형 종이가 짧은 변의 한가운데에서부터 세로로 찢어져 갈라졌다."**

② **"종이의 왼쪽 위 귀퉁이가 찢겼다."**

③ **"종이 가운데에 구멍이 뚫렸다."**

이렇게 자세하고 분명하게 설명하지 않으면 머릿속에 있는 생각을 온전히 전할 수 없다.

어떻게 찢어지든 "종이가 찢어졌다"라는 한마디로 표현했던 사람이라면 특히 마음에 새겨두자.

43

베개가 터짐

의미를 가장 잘 드러내는 단어로 표현하자 ②

그림 속 베개의 상태는 어떻게 설명하면 좋을까?

"베개가 찢어졌다."

이렇게 말하면 상황이 조금도 전해지지 않는다.

'찢어졌다'라고 표현하면 말을 들은 사람은 베갯잇의 일부가 날카롭게 찢긴 모습을 떠올릴 것이다. 그러므로 상태를 좀 더 명확하게 파악한 다음 단어를 적절히 선택해서 표현해야 한다.

게다가 '베개'라는 표현에는 빈틈이 너무 많다. 정확히 베개의 어떤 부분에 문제가 생겼는지 알 수 없기 때문이다.

그림 속 베개는 찢어진 것이 아니라 꿰맨 자리의 실이 끊어지는 바람에 베갯잇의 한쪽 솔기가 터진 상태다. 여기에 솔기가 터진 위치까지 덧붙여 주면 더욱 완전한 문장이 된다.

"베개의 두 긴 변 중 한쪽 솔기의 일부가 뜯어져 베갯잇이 터졌다."

솔기가 어느 정도 터졌는지까지 상대에게 자세히 알려야 하는 경우라면 정확한 수치도 더해서 표현하면 된다.

그릇 일부가 떨어져 나감

의미를 가장 잘 드러내는 단어로 표현하자 ③

그렇다면 다음의 그림은 어떻게 설명해야 할까?

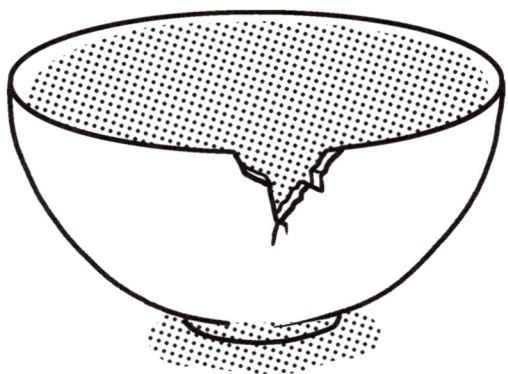

"그릇이 깨졌다."

아쉽지만 이 설명만으로는 내용을 제대로 전할 수 없다.

게다가 그림 속 그릇은 정확히는 '깨진' 것이 아니라 일부가 '떨어져 나간' 상태다. "깨졌다"라고 표현하면 상대방은 그릇이 두 쪽으로 완전히 쪼개지거나 금이 간 모양을 상상하기 마련이다. 하지만 그림 속의 상황은 '깨진' 것이 아니라 한마디로 '이가 빠진' 것이라 할 수 있다. 이처럼 언제든 가장 걸맞은 단어를 골라내는 일에 소홀해서는 안 된다.

또한 떨어져 나간 부분이 어디인지 덧붙이면 누구든 설명을 들은 순간 명확한 그림을 떠올릴 수 있다.

이 그림에서 떨어져 나간 부분은 그릇의 가장자리다. 부위를 더해서 표현하면 다음과 같은 문장이 된다.

"그릇의 가장자리 한 부분이 떨어져 나갔다."

이렇게 하면 상대에게도 제대로 전달된다.

상태를 정확하게 인식하고 파악하려면 단어를 선택하는 일에도 충분히 주의를 기울여야 한다는 점을 명심하자.

45

전선이 끊어짐

의미를 가장 잘 드러내는 단어로 표현하자 ④

지금까지 살펴보았듯이 상황을 정확하게 전달하려면
단어를 적절히 선택하는 일이 중요하다.
전선의 상태를 나타낸 그림을 보고
어떤 표현이 좋을지 생각해 보자.

"전선이 끊어졌다."

전선이 하나 끊어졌다는 사실은 틀림없지만, 표현을 조금 더 구체적으로 만들어보면 어떨까?

실제로 전선을 끊는 데는 생각보다 다양한 방식이 있다.

① 날붙이처럼 날카로운 물건으로 자른다.

② 억지로 잡아당겨 끊는다.

③ 불에 지져 끊는다.

④ 마구 비벼서 끊는다(꼬아서 끊는다).

잘린 전선의 단면을 보면 어떤 방식으로 끊어졌는지 얼추 짐작이 된다.

그밖에는 '물어뜯어서' 끊는 방법도 있다.

이처럼 전선의 단면을 자세히 살펴 각각의 상태에 맞게 표현하면 다음과 같이 말할 수 있다.

① "전선이 절단되었다."

② "전선이 잡아 뜯겼다."

③ "전선이 불에 타 끊어졌다."

④ "전선이 어딘가에 마찰되어 끊어졌다."

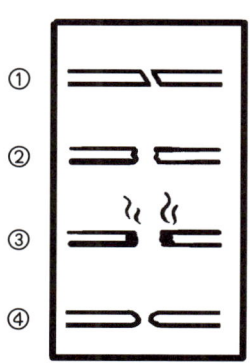

46

위치·방향·모양·수량을 정확하게 표현하자 ①

사물에 흠집이 생기는 방식에도 여러 가지가 있다.
따라서 왜 손상이 생겼는지 곰곰이 생각해 본 다음
상황을 정확하게 설명해야 한다.
아래의 그림은 어떻게 표현해야 할까?

"병에 흠집이 생겼다."

이렇게만 설명하면 정보가 부족하다.

위의 표현에는 흠집이 생긴 방식, 즉 흠집의 위치와 모양, 방향에 대한 내용이 전혀 담겨 있지 않다. 그런데 흠이 생긴 방식이 무엇이냐에 따라 원인이 달라지기도 한다. 따라서 눈앞에 있는 대상의 상태를 정확하게 전하고 싶다면 흠이 생긴 방식까지 구체적으로 표현하는 것이 좋다.

그림 속 병의 상태는 적어도 이렇게 표현해야 한다.

"병의 몸통 언저리에 세로로 흠집이 났다."
"병의 몸통 언저리에 가로로 흠집이 났다."

조금 더 자세하게 전하고 싶다면 흠집의 길이와 폭, 깊이 그리고 흠집이 난 모양(곧게 났는지 구부러져 있는지)도 덧붙여서 표현하자.

모두 '흠집'이라는 한 단어로 표현되지만 사실 '흠집'에도 아주 다양한 모양이 있다.

선처럼 길쭉한 상처, 쓸린 상처, 긁힌 상처, 어딘가에 부딪혀서 찍힌 상처 등 어떤 흠집인지 분명하게 관찰해서 표현해 보자.

47

구멍 발생

위치·방향·모양·수량을
정확하게 표현하자 ②

어떤 문제는 정확하게 전달하지 않으면
예상치 못한 사고로 이어질 수도 있다.
아래의 그림은 문제점을 어떻게 전하면 좋을까?

"도로에 구멍이 났다."

이 문장으로는 알리고 싶은 내용을 절반도 전할 수 없다.

눈앞에 보이는 상황을 정확하게 알리고 싶다면 우선 전해야 할 요소들을 속속들이 파악해야 한다. 그런 다음 파악한 요소들에 가장 걸맞은 표현을 각각 골라 붙이면 된다. 마지막 단계는 이렇게 붙인 모든 표현을 모아 하나로 정리하는 것이다.

그림 속의 요소들을 모두 파악하고 표현을 골라내면 다음과 같은 내용이 나온다.

- 구멍의 중심 → 도로의 한가운데
- 어떤 형태 → 둥근 모양
- 구멍의 크기가 얼마나 되는지 → 길을 온통 가로막을 정도의 크기
- 깊이가 얼마나 되는지 → 1미터 정도

이렇게 골라낸 표현들을 하나로 정리하면 어떻게 될까?

"도로 한가운데에 길을 온통 가로막을 정도로 크고 동그란 구멍이 1미터 깊이로 났다."

일상생활에서도 말하고자 하는 요소를 빠르고 자세하게 파악할 수 있도록 연습해 두자.

48

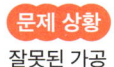

위치·방향·모양·수량을 정확하게 표현하자 ③

도착한 부품에 문제가 있을 때는
어디에 문제가 있는지 분명하게 알리는 것이 중요하다.
아래는 광택이 있는 플라스틱 보드를 그린 그림인데,
문제점을 어떻게 설명해야 할까?

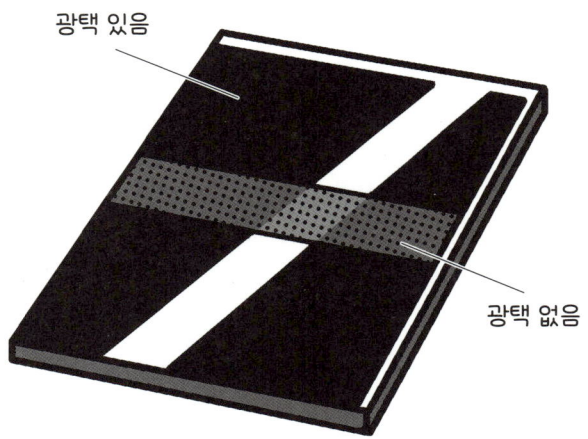

"광택이 없다."

물론 이렇게 설명하는 사람은 없겠지만, 이 말만 들으면 보드 전체에 광택이 없다고 착각하기 십상이다. 따라서 합격점을 받을 수 없다.

그림에서 광택이 없는 부분은 일부뿐이다. 정확하게 표현하면 '보드의 중간 부분'이다. 광택이 없는 부분은 보드에 띠를 두른 듯이 가장자리와 평행한 모양을 이루고 있다.

이런 요소들을 조합하면 다음과 같이 설명할 수 있다.

"보드의 중간 부분에 가장자리와 평행한 띠 모양으로 광택이 없는 부분이 있다."

여기서 광택이 없는 부분과 그렇지 않은 부분의 차이를 한결 또렷하게 만들려면 이렇게 보충하는 것이 좋다.

"보드의 중간 부분에 가장자리와 평행한 띠 모양으로 광택이 없는 부분이 있고 그 밖의 부분에는 광택이 있다."

"광택이 없다"는 말처럼 특정 부분의 차이만 표현하는 것이 아니라, 위치와 모양에 대한 표현을 덧붙여 다른 부분이 어떤 상태인지 분명하게 나타내는 것이다. 그렇게 하면 그림 속의 내용과 정확히 똑같은 모습을 상대에게 전할 수 있다.

49

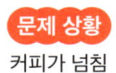
문제 상황
커피가 넘침

위치·방향·모양·수량을 정확하게 표현하자 ④

이번에는 아래의 그림을 설명해 보자.

"커피가 넘쳤다."

뭔가 부족하게 느껴지지 않는가? 역시 정답과는 거리가 있다. 커피가 어디에서 어디로 넘쳐흘렀는지, 얼마나 넘쳤는지, 설명을 적절히 더해주어야 한다.

"커피가 잔에서 접시로 조금(약간) 넘쳤다."

커피가 넘쳐흐른다는 상황을 알리는 데서 그치지 않고 접시로 흘러나온 양을 분명하게 나타내기 위해 '조금' 또는 '약간' 같은 부사를 덧붙이는 것도 중요하다. 넘친 양이 몇 밀리리터인지 정확히 알 때는 구체적으로 적어주면 된다.

여기서 문제를 하나 더 풀어보자. 만약 이 그림에서 커피의 양 그리고 잔의 크기(용량)의 관계를 상대적으로 설명하고 싶다면 어떻게 표현해야 할까?

여기서 주의할 점은 커피를 기준으로 삼느냐, 잔을 기준으로 삼느냐에 따라 표현이 달라진다는 것이다.

커피를 기준으로 표현하면 이런 문장이 된다.

"커피의 양에 비해 잔의 크기(용량)가 조금 작다."

반대로 잔이 기준이 되면 다음과 같이 표현할 수 있다.

"잔의 용량에 비해 커피의 양이 조금 많다."

50

문제 상황
손잡이가 떨어짐

전체에서 세부로 좁혀가며
위치를 정확하게 표현하자

아래는 가방을 나타낸 그림이다.
그림 속 가방의 상태를 어떻게 설명해야 할까?

"손잡이가 떨어졌다."

내용이 너무나 부족하다. 말할 필요도 없이 불합격이다.

그림을 보면 가방의 몸체에 꿰매 붙인 토트백의 한쪽 손잡이가 떨어져 있다. 가방의 손잡이는 총 두 개이며 떨어진 것은 그중 하나다.

요소들을 모두 조합해서 나타내면 이렇게 표현할 수 있다.

"토트백에 손잡이가 두 개 달렸는데, 그중 하나는 꿰맨 부분 중 한쪽이 떨어졌다."

표현하는 순서는 드라마나 영화 등의 장면을 상상하면 이해하는 데 도움이 된다. 처음에는 전체를 비추다가 주목하고 싶은 부분을 줌인해 크게 잡듯이 말이다.

영상 대신 말로 표현해 보면 다음과 같다.

"손잡이가 두 개 있다."

"두 손잡이 중 하나에 문제가 있다."

"손잡이를 꿰맨 부분 중 한쪽이 떨어졌다."

전체에서 세부로. 이런 방식으로 차근차근 표현하면 이야기를 듣는 사람도 상황을 쉽게 떠올릴 수 있다.

51

어떻게 어긋났는지 명확하게 표현하자 ①

인형 뽑기 기계에서 인형을 뽑는 것은 제법 어렵다.
아래의 그림을 다른 사람에게 설명하려면 뭐라고 말해야 할까?

"인형 뽑기 기계의 집게와 상품이 어긋났다."

상황을 얼추 포착하고 있는 듯 보이지만, 아직 합격점을 줄 정도는 아니다. 핵심은 두 대상이 어떻게 어긋났는지 정확하게 나타내는 데 있다. 그림에서 '어긋났다'라는 말은 곧 인형 뽑기 집게의 중심과 목표로 삼은 상품의 중심이 서로 어긋났다는 뜻이다.

그렇다면 적어도 다음과 같은 내용들이 포함되어야 한다.

"인형 뽑기 집게의 중심과 노리는 상품의 중심이 서로 어긋났다."

더 정확하게 표현하자면 인형 뽑기 집게의 중심과 상품의 중심 가운데 어느 한쪽을 기준으로 삼아서 어긋난 방향까지 나타내면 된다. 이 부분까지 정확하게 담아내면 완벽하다.

"인형 뽑기 집게의 중심이 노리는 상품의 중심에서 왼쪽으로 벗어났다."

여기에 어느 정도 벗어났는지 구체적인 수치를 더해주면 한층 더 좋은 표현이 된다.

이처럼 무언가 어긋나거나 벗어난 상태를 나타낼 때는 다음과 같은 부분들을 정확하게 표현해야 한다.

- 무엇의 어느 부분과 무엇의 어떤 부분이 어긋났는지
- 둘 중 어느 쪽을 기준으로 삼을지
- 어느 방향으로 벗어났는지
- 어느 정도 어긋났는지

52

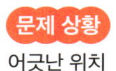

위치·방향·모양·수량을 정확하게 표현한다

아래의 노트북 화면을 보고
어떤 부분이 어떻게 잘못되었는지 설명해 보자.

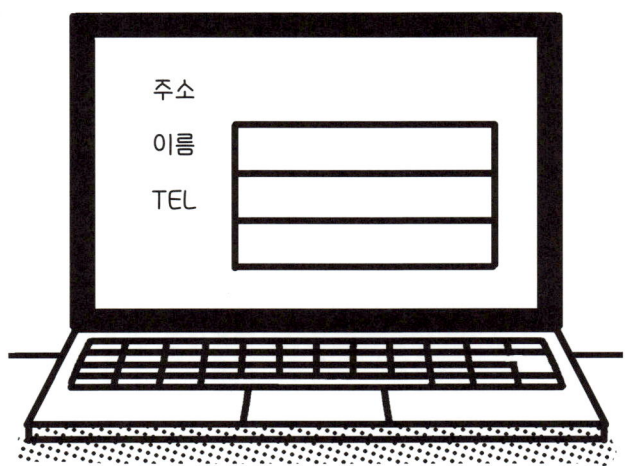

"한 줄 밀렸다."

이런 표현으로는 뜻을 제대로 전할 수 없다는 점은 이미 잘 알 것이다.

그렇다면 한 줄씩 뒤로 밀렸다는 사실을 어떻게 표현해야 상대에게 정확하게 설명할 수 있을까?

'주소', '이름', 'TEL'이라는 표기와 내용을 입력할 칸이 세로로 나란히 늘어서 있는데, 우선 그중 어느 쪽을 옳다고(기준으로) 볼지 정하는 데서부터 시작하자.

표기가 옳다고 볼 경우에는 다음과 같이 말할 수 있다.

"입력란이 표기보다 한 줄씩 밀렸다."

상대방과 함께 이 노트북 화면을 보고 있다면 이 표현으로도 문제없이 상황을 전할 수 있다.

그러나 상대는 다른 곳에 있고 자신만 화면을 보고 있을 때는 한 가지를 더 고려해야 한다. 따라서 이렇게 써야 한다.

"입력란이 표기보다 한 줄씩 아래로 밀렸다."

- 어느 쪽을 기준으로 삼을지
- 어떤 방향으로 벗어났는지
- 얼마나 벗어났는지

무언가 어긋난 상태를 나타낼 때는 위와 같은 사항들을 빠짐없이 담아내야 한다.

53

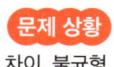

차이를 정확하게 표현하자 ①

아래와 같은 그림은 어떻게 표현해야
상황을 온전히 담아낼 수 있을까?

"방향이 다르다."

말할 필요도 없이 오답이다.

여기서는 '그림 설명하기' 50번 문제에서 이야기한 "전체에서 세부로"를 바탕으로 상황을 들여다보아야 한다.

먼저 이 그림에서 포착해야 할 요소는 다음의 3가지다.

"크기가 같은 검은색 정삼각형 5개가 한 줄을 이루며 가로로 나란히 늘어서 있다."

"하나를 제외한 모든 정삼각형의 꼭짓점이 위를 향하고 있다."

"오른쪽에서 두 번째에 있는 정삼각형 하나만 꼭짓점이 아래를 향하고 있다."

이 요소들을 모두 집어넣어 정리하면 이런 표현이 나온다.

"크기가 같은 검은색 정삼각형 5개가 한 줄을 이루며 가로로 나란히 늘어서 있는데, 오른쪽에서 두 번째에 있는 정삼각형만 꼭짓점이 아래를 향하고 있고 나머지 4개는 꼭짓점이 모두 위를 향하고 있다."

그림의 내용을 그대로 상대에게 전하려면 반드시 포착해야 할 그림 속 포인트(요소)들을 빠짐없이 뽑아내서 말 또는 글에 담아내야 한다.

차이를 정확하게 표현하자 ②

바로 앞 문제의 풀이를 바탕으로
다음 그림의 설명도 생각해 보자.

"단추의 위치가 잘못되었다."

위와 같이 설명하면 세 벌이 모두 잘못되었는지, 아니면 한 벌만 잘못되었는지 제대로 알 수 없다. 게다가 어떻게 잘못되었는지도 드러나지 않는다.

앞서 말했듯이 "전체에서 세부로"를 고려해서 상황을 살피면 쉽게 포인트를 찾을 수 있다.

"재킷이 세 벌 있다."

"재킷에는 모두 단추가 3개씩 달려 있다."

"재킷 세 벌 중 하나는 세 단추의 간격이 고르지 않다."

위와 같은 내용들을 모두 넣어 정리하면 이렇게 표현할 수 있다.

"재킷 세 벌에 단추가 3개씩 달려 있는데, 그중 한 벌은 단추의 간격이 고르지 않다."

또는 가운데에 달린 단추가 어떤 방향으로 어긋나 있는지 나타내는 것도 좋다.

"윗옷 세 벌 가운데 한 벌만 가운데 버튼이 조금 아래로 내려와 있어 세 단추의 간격이 고르지 않다."

여기에 단추가 얼마나 벗어났는지 구체적인 수치까지 더해주면 한결 정확한 표현이 된다.

55

차이를 정확하게 표현하자 ③

제품의 품질이 균일하지 않고 제각각 다르면 큰 문제가 된다.
다음은 팥소가 들어간 찐빵을 그린 그림이다.
제품에서 그림과 같은 문제를 발견했을 때
어떻게 설명하면 좋을까?

"팥소가 튀어나왔다."

팥소가 겉으로 비어져 나온 찐빵이 있다는 점은 알겠지만, 이 말만 듣고는 전체 상황을 파악하기가 어렵다.

여기서는 모든 찐빵의 팥소가 튀어나왔는지 또는 일부만 그런지를 파악해야 한다.

모든 찐빵에 문제가 있는 상황이라면 찐빵을 만드는 방법과 관련된 다양한 조건(물의 양, 온도, 시간, 순서 등)에 오류가 있다고 추측할 수 있다.

반면 몇몇 찐빵만 팥소가 튀어나왔다면 찐빵을 만드는 조건이 균일하지 않았음을 짐작할 수 있다.

둘 중 어느 쪽이든 상대에게 문제점을 정확하게 전달하려면 현재 상태를 분명하게 표현해야 한다.

"10개의 찐빵 가운데 2개는 팥소가 겉으로 튀어나왔다."

위와 같이 설명하면 된다.

이처럼 어떤 부분이 고르고 어떤 부분이 다른지 명확하게 파악하고 표현하도록 하자.

56

문제 상황
타이어가 빠짐

상황을 명확하게 표현하자 ①

아래의 그림을 보고 어떤 일이 벌어졌는지
설명하려면 뭐라고 표현해야 할까?

"타이어가 빠졌어!"

장난감 자동차의 타이어가 빠져버린 순간, 사람들은 대부분 이렇게 외칠 것이다. 그러나 다른 사람에게 상황을 설명할 때는 이 말만으로는 부족하다.

- 어떤 시점에
- 무엇의 어떤 타이어가
- 어떻게

그리고 때에 따라서는 아래와 같은 내용도 필요하다.

- 어디에서

이러한 요소들을 상대에게 전하지 않으면, 상대도 어떻게 반응해야 할지 갈피를 잡지 못한다.

이를 바탕으로 그림을 설명하면 이렇게 말할 수 있다.

"장난감 자동차를 손으로 잡고 테이블 위에서 움직이는데, 자동차의 왼쪽 뒷바퀴가 쏙 빠져버렸다."

이것은 단순히 타이어가 빠진 상황을 설명한 문장인데, 예를 들어 타이어가 어떤 소리를 내며 빠졌다면 아래와 같이 표현할 수도 있다.

"장난감 자동차를 손으로 잡고 테이블 위에서 움직이는데, 뭔가 부서지는 소리와 함께 자동차의 왼쪽 뒷바퀴가 빠져버렸다."

57

상황을 명확하게 표현하자 ②

아래와 같은 그림은 어떻게 표현할 수 있을까?

"현수가 미끄러졌다."

틀린 표현은 아니지만 조금 더 자세히 설명해 보자.

그림을 들여다보면 단순히 미끄러지는 것이 아니라 아래로 떨어지고 있는 상황이기도 하다. '미끄러지다'와 '떨어지다'를 합쳐 '미끄러져 떨어지다'가 되는 셈이다. 또한 그림 속에서 현수가 미끄러진 곳은 경사진 비탈이다.

이런 상황을 조합해 미끄러진 장소까지 표현에 추가하면 다음과 같은 문장이 된다.

"현수는 비탈에서 미끄러져 떨어졌다."

만약 미끄러지기 시작한 지점이 분명하다면 위치도 덧붙여 주는 것이 좋다.

"현수는 산길을 걷다가 비탈에서 미끄러져 떨어졌다."

조금 더 나아가 현수의 자세도 더할 수 있다.

"현수는 산길을 걷다가 비탈에서 미끄러져 위를 보고 누운 상태로 떨어졌다."

58

상황을 명확하게 표현하자 ③

매우 긴급한 사태가 벌어졌다.
서둘러 신고를 해야 하는데,
상황을 어떻게 설명하는 것이 좋을까?

"자동차가 전봇대에 부딪쳤다."

이렇게 말해도 무슨 뜻인지는 알 수 있지만, 위급한 상황이니 가능하다면 좀 더 정확하게 표현해 보자.

"자동차가 부딪쳤다"라고 하면 자동차의 어느 부분이 전봇대에 부딪쳤는지 분명하게 알 수 없다. 그뿐만 아니라 앞으로 주행하다가 부딪쳤는지, 후진하다가 부딪쳤는지, 정확한 상황을 짐작하기가 어렵다. 게다가 얼마나 세게 부딪쳤는지, 충격이 얼마나 되는지도 알지 못한다.

지금 그림을 보고 알 수 있는 사실은 크게 3가지가 있다.

"자동차가 앞으로 나아가다가 부딪쳤다."
"자동차의 정면이 전봇대에 부딪쳤다."
"부딪쳤을 때 큰 충격을 받았다."

이 3가지 사실을 조합해서 표현하면 다음과 같은 문장이 나온다.

"앞으로 달려가던 자동차가 전봇대에 정면으로 세게 부딪쳤다."

여기서 전봇대가 서 있는 장소까지 자세하게 더해주면 이렇게 표현할 수 있다.

"앞으로 달려가던 자동차가 편의점 옆에 우뚝 선 전봇대에 정면으로 세게 부딪쳤다."

59

상황을 명확하게 표현하자 ④

다음에 나오는 그림도 앞서 살펴본 문제와 비슷한 경우다.

"바위가 자동차에 부딪쳤다."

과연 이 말만 듣고 상황을 정확하게 떠올릴 수 있을까?

바위가 자동차에 부딪치기 전에 두 대상이 각각 어떤 상태였는지 말하지 않으면, 상황이 제대로 전달되지 않는다.

먼저 그림을 보고 상황을 정리해 보자.

"자동차는 산기슭을 따라 난 길을 달리고 있었다."

"커다란 바위가 도로 옆 절벽의 경사면에서 도로 위로 굴러떨어졌다."

"자동차 바로 위에 바위가 세게 부딪쳤다."

그다음 위의 내용을 조합해서 표현하면 다음과 같은 글이 된다.

"바위가 도로 옆 절벽의 경사면에서 굴러떨어져 달리던 자동차 바로 위에 세게 부딪쳤다."

여기서는 13~16번 문제에서 살펴본 컷 분할 표현도 참고해 보면 좋다.

빠르게 모든 요소를 파악한 다음 수집한 정보를 바탕으로 상황을 빈틈없이 표현하는 것이다. 세심한 관찰과 적절한 표현이 어우러져야 상대에게 상황을 정확하게 전할 수 있다.

60

위치·부위·지점을 명확하게 표현하자 ①

아래의 그림은 뭐라고 설명하면 좋을까?

"때가 묻었다."

더러운 무언가가 묻었다는 점은 분명하게 드러나지만, 정확히 무엇이 어디에 묻었는지는 전혀 드러나지 않는다.

특히 이런 경우 묻은 것이 페인트든 뭐든 상관없이 무턱대고 '더러워졌다', '묻었다'라고 표현하는 사람이 생각보다 많다. 뭐가 묻었는지 알 때는 정확하게 '페인트'라고 설명해야 한다.

그뿐만 아니라 페인트가 묻은 자리에 대한 설명 또한 부족하다. 얼굴 전체가 더러워졌는지, 아니면 얼굴의 한 부분에만 묻었는지 말이다. 다만 그렇다고 "얼굴의 한 부분에"라고 말하면 이도 저도 아닌 두루뭉술한 표현이 된다.

어느 부분에 묻었는지 구체적으로 나타내면 아래처럼 말할 수 있다.

"얼굴의 오른쪽 눈 위와 오른쪽 볼에 페인트가 묻었다."

'곳'이나 '부분' 같은 대략적이고 추상적인 표현 대신 위치나 지점으로 표현하면 상대에게 정보를 정확하게 전할 수 있다.

그뿐만 아니라 페인트가 묻은 범위와 양까지 더해주면 한층 명확한 설명이 된다.

"얼굴의 오른쪽 눈 위와 오른쪽 볼 일부분에 페인트가 잔뜩 묻었다."

61

> 문제 상황
> 손을 베임

위치·부위·지점을 명확하게 표현하자 ②

안타깝게도 친구가 부상을 입고 말았다.
응급 처치를 받기 위해 보건실에 연락할 때
어떻게 상황을 설명하면 좋을까?

광수

"손을 베었다."

이렇게만 설명하면 정확히 손의 어느 부분을 다쳤는지 알 도리가 없다. 베인 부위까지 분명하게 표현해야 필요한 정보를 온전히 전할 수 있다.

그림에서 다친 부위는 오른손 집게손가락 끝의 볼록한 부분이다. 상처의 길이는 5밀리미터가량 된다(필요할 경우에는 상처의 모양도 덧붙인다). 여기서 손가락을 주어로 설정하면 다음과 같이 말할 수 있다.

"광수의 오른손 집게손가락 끝의 볼록한 부분이 5밀리미터 정도 베였다."

어디에 손을 베였는지 분명히 알 때는 이렇게 적을 수도 있다.

"광수의 오른손 집게손가락 끝의 볼록한 부분이 칼에 5밀리미터 정도 베였다."

주어가 광수인 아래 같은 표현도 자주 눈에 띈다.

"광수는 칼로 오른손 집게손가락 끝의 볼록한 부분을 5밀리미터 정도 벴다."

하지만 광수 본인도 예상치 못하게 손가락을 다친 상황이라면 "광수가 손가락을 벴다"가 아니라 "손가락을 베였다"가 좀 더 자연스럽다. "광수가 손가락을 벴다"라고 표현하면 광수의 잘못이라는 개인적인 생각이 담기기 쉽기 때문이다.

62

문제 상황
물이 샘

위치·부위·지점을 명확하게 표현하자 ③

문제가 발생했을 때 상대가 상황을 분명히
파악할 수 있도록 설명하려면, 눈앞에 있는 광경이
그대로 떠오를 만큼 구체적이고 정확한 표현이 필요하다.
다음과 같은 상황은 어떻게 설명해야 할까?

"물이 나오고 있다."

깊이 생각하지 않으면 위와 같이 말하기 쉽지만, 역시 표현이 부족하다.

먼저 그림을 보고 알 수 있는 사항을 적어보자.

"고무호스의 한 부분에 작게 갈라진 틈이 생겼다."

"그 틈에서 물이 힘차게 뿜어져 나오고 있다."

이 두 가지 사실을 조합해서 표현하면 어떻게 될까?

"고무호스의 한 부분이 작게 갈라져 그 틈에서 물이 힘차게 뿜어져 나오고 있다."

여기서 특히 중요한 점은 어떤 부위에서 물이 뿜어져 나오고 있는가다. 흔히 "고무호스에서"처럼 두루뭉술하게 표현하곤 하는데, 정보가 터무니없이 부족하다. 위의 문장처럼 상황을 꼼꼼히 관찰한 다음 "고무호스의 한 부분이 작게 갈라져 그 틈에서" 물이 솟구치고 있다고 구체적으로 설명하는 것이 좋다. 물론 '힘차게' 같은 부사도 빠뜨려서는 안 된다.

눈에 들어오는 한 가지 부분에만 사로잡히지 않고 보이는 모든 사실을 하나하나 파악하고 한데 합쳐서 표현하는 것이 중요하다.

63

위치·부위·지점을 명확하게 표현하자 ④

아래의 그림과 같은 문제가 발생했다고 가정해 보자.
지금 바로 고쳐달라고 수리 전문가에게 연락을 한다면
이 상황을 어떻게 설명하는 것이 좋을까?

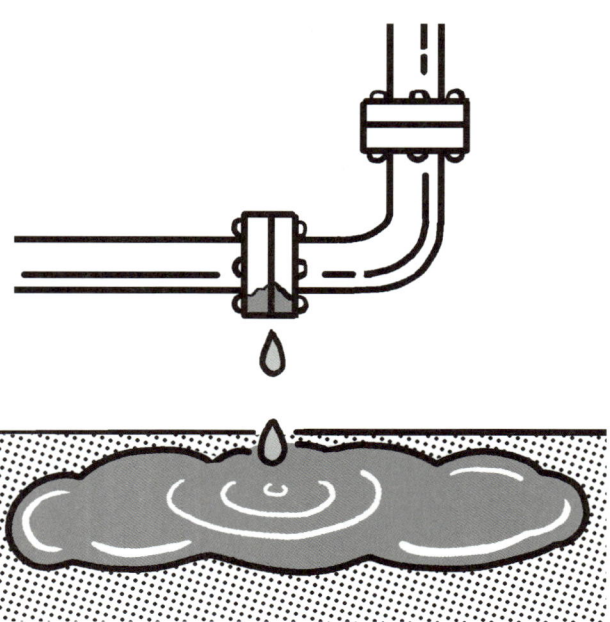

"물이 샌다."

물이 새어 나오고 있다는 사실은 알 수 있다. 그러나 '어디에서' '얼마나' 물이 나오는지는 분명하게 전해지지 않는다.

그림 속의 상황을 상대에게 알리고 물이 새지 않도록 고쳐주기를 바란다면 상태를 훨씬 정확하게 표현해야 한다.

우선 요소를 하나하나 확인해 보자.

- 어디에서: 배관의 연결부(이음매, 접속부)에서
- 얼마나: 바닥이 물에 잠길 만큼 많이

이 요소들을 조합해 정리하면 다음과 같은 문장이 나온다.

"배관의 연결부에서 바닥이 잠길 만큼 많은 양의 물이 새어 나오고 있다."

여기서 '많은' 같은 표현은 예를 들어 '100리터 정도'처럼 정확한 수치로 표현하면 더욱 바람직하다.

주의해야 할 점은 되도록 '누수' 같은 한 단어로 표현하려고 해서는 안 된다는 것이다. '누수'에도 여러 상황이 있는데, 말 한마디로 단순하게 표현하면 상대방은 사실과 상관없이 마음껏 상상의 나래를 펼치게 된다. 무작정 단어만 던지면 뜻이 모호해서 이미지가 정확하게 전해지지 않기 때문이다.

64

위치·부위·지점을 명확하게 표현하자 ⑤

이번에는 아래의 그림을 설명해 보자.

"나무가 쓰러졌다."

평소 자주 들을 수 있는 표현이지만 뜻이 다소 모호하다. 나무가 도대체 어떤 식으로 쓰러졌는지 자세히 나타내지 않기 때문이다.

한마디로 "나무가 쓰러졌다"라고 말해도 나무줄기가 중간에 뚝 부러져 동강이 났는지, 뿌리째 쓰러졌는지는 알 도리가 없다. 이 그림에서는 나무뿌리가 그대로 드러나 있으니 뿌리째 쓰러졌다고 보아야 한다.

따라서 다음과 같이 표현하면 된다.

"나무가 뿌리째 쓰러졌다."

대상을 두루뭉술하게 파악하면 두루뭉술한 표현밖에 나오지 않는다. 사물이나 상황을 한 번 슬쩍 보고 묘사하는 것이 아니라, 적어도 잠시 한숨 돌릴 수 있을 만큼 차근히 관찰하고 속속들이 파악한 다음 설명하도록 하자.

65

위치·부위·지점을 명확하게 표현하자 ⑥

그렇다면 다음의 그림은 어떨까?
가장 왼쪽에 있는 것이 정상이라고 가정하고
①과 ②의 모양을 설명해 보자.

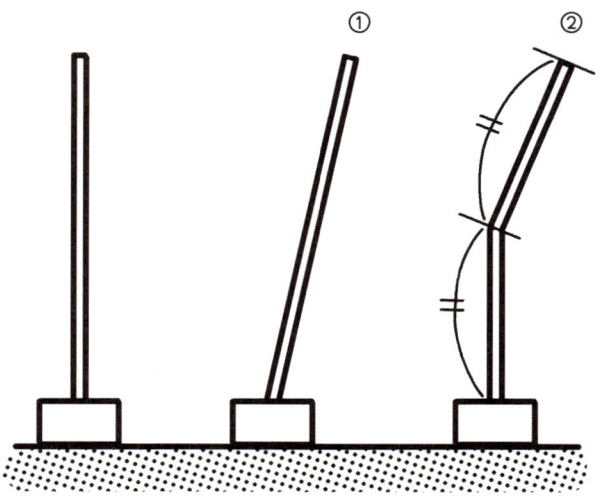

"기둥이 기울어졌다."

여기까지 읽은 독자 여러분이라면 이미 알겠지만, 위의 표현은 정답이라 할 수 없다. 이 그림에서는 기둥이 기울어지기 시작한 지점을 분명하게 나타내야 한다.

①은 축의 밑동부터, ②는 정확히 기둥의 한가운데부터 기울어졌다.

이를 문장으로 만들면 다음과 같은 내용이 된다.

① "기둥이 밑동부터 기울어졌다."

② "기둥이 중간부터 기울어졌다."

다만 그림 ②는 중간이 꺾인 모양새이므로 '기울어졌다'를 '구부러졌다'로 바꿔서 표현하는 것이 조금 더 정확하다.

② "기둥이 중간부터 구부러졌다."

만약 꺾인 모양이 아니라 곡선으로 구부러졌다면 이렇게 표현해야 한다.

"기둥이 밑동부터 곡선 모양으로 구부러졌다."

이처럼 기울어지기 시작한 위치와 기울어진 모양 등을 명확하게 파악한 뒤 표현하자.

66

차량 충돌

위치·부위·지점을 명확하게 표현하자 ⑦

당신은 사고 장면을 목격했다.
위급한 상황이므로 곧장 신고를 해야 하는데,
어떻게 상황을 설명해야 할까?

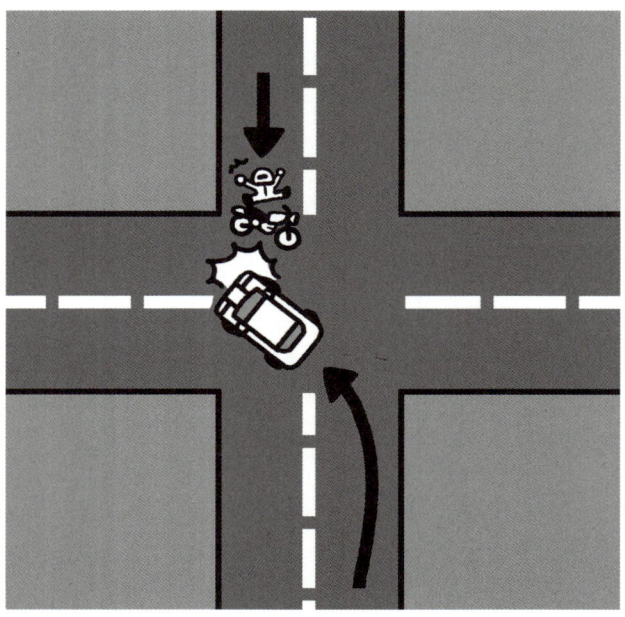

"교차로에서 오토바이와 자동차가 충돌했다."

이렇게 말해도 뜻은 통하겠지만, 조금 더 자세하게 표현하려면 어떻게 말해야 할까?

어떤 상황에서 오토바이와 자동차가 부딪혔는지, 오토바이의 어떤 부분과 자동차의 어떤 부분이 부딪쳤는지, 듣는 사람이 쉽게 이해할 수 있도록 설명해 보자.

먼저 그림을 보고 파악할 수 있는 사실들은 다음과 같다.

"오토바이는 반대편 차선을 달려와 교차로에서 직진하려고 했다."

"자동차는 교차로에서 좌회전하려고 했다."

"오토바이의 앞바퀴와 자동차의 오른쪽 앞부분이 충돌했다."

이 사실들을 조합하면 이런 표현이 나온다.

"반대편 차선을 직진해 오던 오토바이의 앞바퀴가 교차로에서 좌회전하려던 자동차의 오른쪽 앞부분에 부딪쳤다."

만약 오토바이에 타고 있던 사람이 오토바이에서 멀리 튕겨 나갔다면, 부딪친 충격이 크다는 점을 알 수 있도록 다음과 같이 써야 한다.

"반대편 차선을 직진해 오던 오토바이가 교차로에서 좌회전하려던 자동차의 오른쪽 앞부분에 거세게 부딪쳤다."

67

위치·부위·지점을 명확하게 표현하자 ⑧

4명으로 이루어진 팀이 각각 시트를 한 장씩 펼치고 있다.
왼쪽 팀의 시트는 판판하게 펴졌지만,
오른쪽 팀이 든 시트는 고르게 펴지지 않았다.
오른쪽 팀의 시트가 어떤 모양인지 다른 사람에게 설명하려면
뭐라고 말해야 할까? 상대에게 어떤 행동을 요청하는 것이 아니라
단순히 시트의 상태를 정확히 설명하기만 하면 된다.

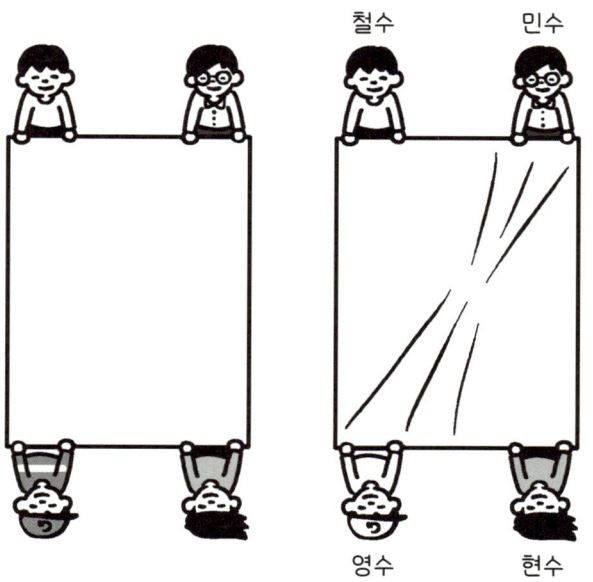

"시트에 주름이 졌다."

시트에 구김이 갔다는 점은 알겠지만, 이 말만 들어서는 그림 속 광경을 떠올리기가 어렵다. 상대에게 상황을 자세히 알리고 싶다면 시트의 상태가 머릿속에 그림처럼 떠오르도록 표현해야 한다.

이 그림에서 핵심은 주름이 진 방식(방향)이다.

시트는 민수가 잡은 곳에서부터 영수가 있는 방향(대각선 방향)으로 주름이 졌다. 구김의 방향을 덧붙여서 표현하면 다음과 같다.

"민수가 잡은 곳에서부터 대각선 방향에 있는 영수 쪽으로 시트에 크게 주름이 졌다."

그림에는 큰 주름이 세 줄 있으니 조금 더 정확하게 표현하면 이렇게 말할 수 있다.

"민수가 잡은 곳에서부터 대각선 방향에 있는 영수 쪽으로 시트에 큰 주름이 세 줄 생겼다."

68

크기가 다름

두 대상의 상대적 관계를 분명히 드러내자

축이 구멍에 잘 들어가지 않는다.
이런 경우는 어떻게 설명하면 좋을까?

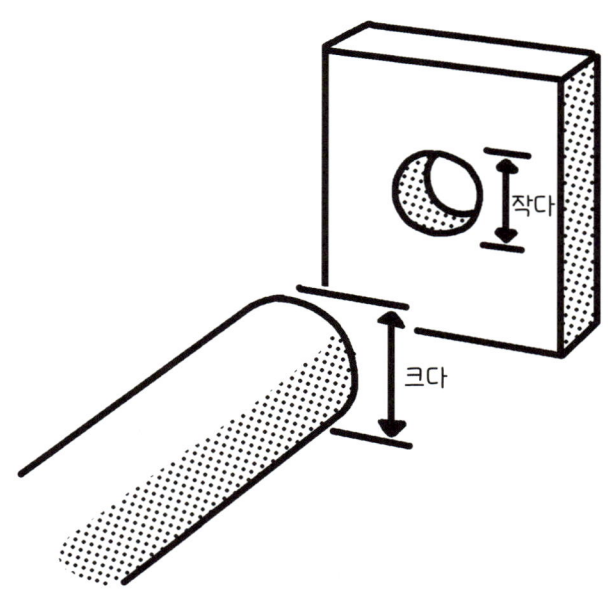

"축과 구멍의 크기(지름)가 다르다."

실제로 그림을 보고 이렇게 설명하는 사람이 적지 않을 것이다. 하지만 이 설명만 듣고는 어디가 어떻게 다른지 정확히 이해하기가 어려우므로 불합격이다.

축과 구멍의 크기가 '어떻게' 다른지 상대적 차이를 분명하게 드러내야만 상대에게 상황을 제대로 전달할 수 있다.

따라서 이 그림에서는 아래와 같이 표현할 수 있다.

"축에 비해 구멍의 크기(지름)가 작다."

또는 이렇게도 표현한다.

"구멍에 비해 축의 크기(지름)가 크다."

가능하다면 '어느 정도' 크기가 다른지도 파악할 수 있는 선에서 내용을 덧붙이자.

"축에 비해 구멍의 크기(지름)가 약간 작다."

"축에 비해 구멍의 크기(지름)가 매우 작다."

여기서 '약간'이나 '매우'를 구체적인 수치로 나타내면 한층 정확한 표현이 된다.

69

각도가 다름

위치·부위·지점을 명확하게 표현하자 ⑨

이 그림도 축이 구멍에 들어가지 않는 상태를 나타내고 있다.
이 상황은 어떻게 표현하면 좋을까?

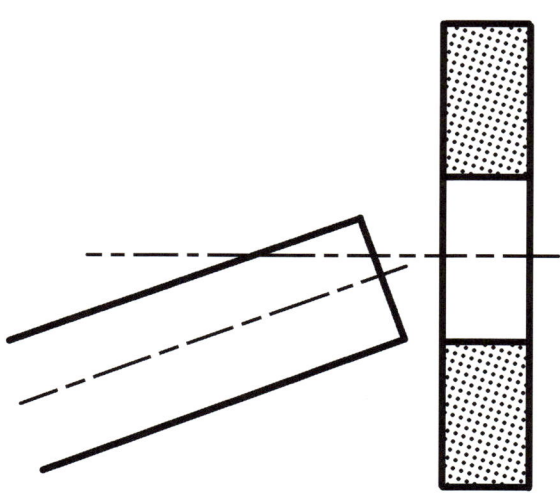

"축이 구멍에 들어가지 않는다."

상황을 온전히 파악하지 못한 사람일수록 이런 표현을 쓰기 쉽다. 위와 같은 표현은 대상을 인상이나 느낌으로 받아들이고 표현하는 비논리적인 말투다.

지금까지 거듭 강조했듯이 상황을 정확하게 관찰하고 이해하는 것이 무엇보다 중요하다.

축의 지름이 구멍의 지름보다 약간 작고 구멍에 잘 들어맞도록 만들어졌다고 전제하면 적어도 다음과 같이 표현하는 것이 좋다.

"구멍이 있는 면과 축이 수직을 이루지 못했다."

이렇게 설명해도 뜻은 통하지만 한층 정확하게 표현할 수도 있다.

"축의 중심선과 구멍의 중심선이 일치하지 않는다."

상대되는 두 사물의 위치 관계에는 일치하는 선과 선 이외에도 선과 선의 평행·직각 또는 면과 면의 평행·직각 그리고 각도를 나타낼 때 사용하는 수평·수직 등이 있다.

눈앞에 보이는 상황을 느낌만 가지고 표현하는 것이 아니라 분명하게 파악한 뒤 논리적으로 설명해야 한다는 점을 명심하자.

70

불이 들어오지 않음

상황의 배경을 덧붙여 설명하자 ①

아래 그림 속의 상황은 어떻게 표현해야 할까?

"손전등이 켜지지 않는다."

손전등에 불이 들어오지 않는다는 점은 확실하게 드러나지만, 역시 내용이 부족하다.

'조금 전에 건전지를 갈아 끼웠다'는 배경이 있을 때는 이 점도 덧붙여서 설명해야 한다. 여기에 손전등의 스위치를 켰다는 배경까지 더하면 이런 문장이 된다.

"조금 전에 건전지를 갈아 끼웠음에도 불구하고 스위치를 켜도 손전등에 불이 들어오지 않는다."

특히 예상과 다른 일이 벌어진 경우에는 그 점을 상황의 배경으로 분명히 드러내야만 상대에게 뜻을 구체적으로 전할 수 있다.

예를 들어 햇빛이 쨍쨍한데 갑자기 비가 보슬보슬 내리는 날씨를 경험해 본 적이 있을 것이다. 그럴 때는 뭐라고 표현해야 할까?

"하늘이 맑은데도 불구하고 비가 왔다."

예상과 다른 일은 사물이나 상황뿐만 아니라 사람에게서도 나타난다.

"철수는 한 시간 전에 지금 바로 하겠다고 말했는데, 아직도 하지 않았다."

부모와 아이의 대화에서 자주 들을 수 있는 표현이다.

71

전철 문이 닫힘

상황의 배경을 덧붙여 설명하자 ②

아래의 그림도 예상치 못한 일이라는 점을
설명해야 상황을 올바르게 전할 수 있다.

"전철 문이 닫혔다."

이런 말로도 의미는 전달할 수 있지만, 합격이라고 말하기는 어렵다. 어떤 상황 또는 배경 속에서 전철 문이 닫혔는지 분명하게 드러나지 않기 때문이다.

현수가 눈앞에 있는 전철을 타려고 했는지, 탈 생각이 없었는지. 상황만 약간 덧붙여도 전하고자 하는 내용이 한층 또렷하고 선명해진다. 문장으로 정리하면 다음과 같다.

"현수가 역에 도착한 전철을 타려고 서둘러 문 앞까지 달려갔지만, 타기 직전에 전철 문이 닫혀버렸다."

이 그림의 내용처럼 자신의 생각이나 예상과 반대되는 일이 일어난 경우에는 상황과 배경을 충분히 보충하는 것이 좋다.

예를 들면 이런 식이다.

"일기 예보에서는 비가 오지 않는다고 했는데, 비가 쏟아졌다."

"계획대로라면 작업은 하루 만에 끝날 예정이었는데, 하루로는 부족했다."

자신이 예상한 것과 다른 일이 벌어졌을 때는 상황이나 배경에 대한 설명을 덧붙여야 의미를 정확하게 전달할 수 있다는 점을 잊지 말자.

72

문제 상황
열리지 않는 문

상황의 배경을 덧붙여 설명하자 ③

갑작스레 문제에 부딪히면 누구나 시야가 좁아지기 마련이다.
그러다 보면 자신이 어떤 상황에 처했는지
제대로 설명하지 못하기도 한다.
아래와 같은 상황은 어떻게 설명해야 할까?

"문이 열리지 않는다."

상대가 옆에 있고 문을 바로 앞에 두고 있을 때라면 문제가 없다. 하지만 예를 들어 전화 통화를 하는 상황이라면, 상대방은 이 말만 듣고 바로 대답하기 어려울 것이다.

대체 어떤 상황에서 문이 안 열리는지. 이번 문제의 그림처럼 해야 할 일을 했음에도 문제가 생겼을 때는 배경을 분명하게 표현해야 한다.

그림 속의 상황은 아래와 같다.

"문손잡이를 아래로 내리고 있다."

"문을 당기고 있다."

그런 다음, 이 내용들을 담아 정리하면 된다.

"영수가 문손잡이를 아래로 내리며 당기려 했지만 문이 열리지 않았다."

이렇게 표현하면 상대도 현재 상황을 정확하게 이해해서 "문손잡이를 당기지 말고 밀어보세요" 하고 바로 해결책을 내놓을 수 있다. 문제가 있을 때일수록 지금 하고 있는 행동에만 얽매이지 않고 상황의 배경을 생각해야 전달하고자 하는 내용을 정확하게 알릴 수 있다.

73

문제 상황
물이 나오지 않음

상황의 배경을 덧붙여 설명하자 ④

누구나 그림과 같은 상황을 한 번쯤 겪어본 적이 있을 것이다.
이처럼 특정한 조건에서 문제가 발생했을 때도
적절한 표현이 필요하다.

"수도관이 막혔다."

이렇게 섣불리 상황을 판단해서는 안 된다. 어쩌면 수도관이 막힌 것이 아니라 수도 공사를 하느라 잠시 급수를 중단한 것일지도 모른다.

이럴 때는 앞에서 여러 번 강조했듯이 근거 없는 짐작을 버리고 눈에 보이는 그대로 표현하면 된다.

"물이 나오지 않는다."

그렇다고 해서 위와 같이 써서는 역시 합격점을 받지 못한다. 어디에서 물이 나오지 않는지가 전혀 드러나지 않기 때문이다.

적어도 '어디에서'를 더해서 이렇게 표현해야 한다.

"수도꼭지에서 물이 나오지 않는다."

여기서 위의 표현에 배경을 조금 더 추가해 보자.

수도꼭지를 열려고 손잡이를 반시계 방향으로 끝까지 돌렸으나 수도꼭지에서 물이 나오지 않는 상황이다. 이 배경을 덧붙이면 다음과 같이 쓸 수 있다.

"수도꼭지가 완전히 열릴 때까지 손잡이를 돌렸지만 물이 나오지 않는다."

그러면 현재 상황이 한결 또렷하게 전해진다.

74

뚜껑이 열리지 않음

상황의 배경을 덧붙여 설명하자 ⑤

아래와 같은 상황을 보면 무심코
"병뚜껑이 열리지 않는다"라고 표현하기 쉽다.
하지만 여기서는 그림을 살펴보고
배경을 덧붙여 조금 더 자세히 설명해 보자.

그림에는 철수가 병뚜껑을 손으로 붙잡고 돌리려 하는 모습이 담겨 있다. 이를 말로 표현하면 이렇게 된다.

"철수가 병뚜껑을 붙잡고 돌리려 하지만, 뚜껑이 열리지 않는다."

여기서 뚜껑을 열기가 얼마나 어려운지 나타내려면 부사가 필요하다. 실제로 부사가 필요한 부분은 '붙잡다'와 '열리지 않는다', 총 2곳이다.

'붙잡다'에는 '있는 힘껏'이라는 부사를, 그리고 '열리지 않는다'에는 '도무지'라는 부사를 붙여보자.

이 부사들을 더해 정리하면 다음과 같이 말할 수 있다.

"철수가 병뚜껑을 있는 힘껏 붙잡고 돌리려 하지만, 뚜껑이 도무지 열리지 않는다."

배경과 더불어 적절한 부사까지 덧붙이면 표현이 한층 분명해진다는 점을 잊지 말자. 사물을 정확하게 표현하려면 부사가 반드시 필요하다.

75

화면이 켜지지 않음

상황의 배경을 덧붙여 설명하자 ⑥

과거 컴퓨터가 갓 보급되기 시작했을 무렵에는
많은 사람이 이런 문제를 자주 문의했다.
그림 속의 상황은 어떻게 설명하는 것이 좋을까?

"컴퓨터 화면이 켜지지 않는다."

단순히 컴퓨터 화면의 상태만 설명하는 경우라면 문제가 없을지도 모르지만, 이 말만으로는 상황을 정확히 파악할 수 없다. 따라서 주변의 상황과 행동까지 포함해서 표현해야 한다.

먼저 그림의 내용을 정리해 보자.

"전원 플러그는 콘센트에 꽂혀 있다."

"컴퓨터의 전원 버튼은 이미 눌렀다."

그럼에도 컴퓨터의 화면이 켜지지 않는 것이다.

이럴 때는 어떻게 설명해야 할까?

"전원 플러그는 콘센트에 꽂혀 있고 전원 버튼도 눌렀는데, 컴퓨터 화면이 켜지지 않는다."

위와 같이 말하면 된다.

자신이 생각할 수 있는 대처는 모두 해보았음에도 불구하고 해결되지 않을 때는 주위의 상황, 자신이 한 행동 또는 앞으로 해보려고 하는 행동 등을 덧붙여 설명해 보자.

76

계획과 결과가 어떻게 다른지 구체적으로 나타내자

아래의 그림과 같은 상황은 어떻게 설명해야 할까?

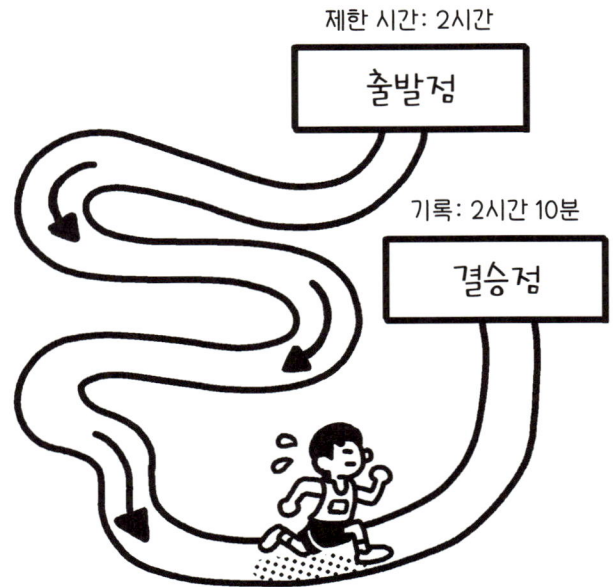

"제한 시간 안에 도착하지 못했다."

제때 도착하지 못했다는 사실은 알 수 있지만, 제한 시간보다 얼마나 늦어졌는지는 짐작하기가 어렵다.

제한 시간은 2시간. 그리고 결승점에 도착한 시간은 2시간 10분 후다.

이러한 정보들을 조합하면 다음과 같이 조금 더 자세히 설명할 수 있다.

"제한 시간은 2시간이었으나, 결승점에 도착하는 데 2시간 10분이 걸렸다."

시간이 10분 더 걸렸다는 점을 강조하고 싶다면 이렇게 표현할 수도 있다.

"제한 시간은 2시간이었으나, 시간이 10분 더 걸렸다."

혹은 아래처럼 표현하는 것도 좋다.

"제한 시간은 2시간이었으나, 10분 더 긴 2시간 10분 만에 결승점에 도착했다."

시간을 나타낼 때는 계획한 시간과 실제로 걸린 시간을 각각 표현해서 상대에게 정확한 정보를 전해줄 수 있다.

05

차이 표현하기

숫자가 맞지 않거나 어떤 부분이 다른 경우처럼 무언가 서로 일치하지 않는 상태를 올바르게 설명할 수 있는가? 주어진 그림을 보고 서로 어긋나는 부분을 정확하게 표현하려면 어떻게 해야 하는지 생각해 보자.

77 짝이 맞지 않는 경우

단어가 아니라 문장으로 표현하자

아래의 상황에서는 A 부품을 A에,
B 부품을 B에 끼우는 것이 옳다.
두 그림 가운데 아래 그림의 상태를
다른 사람에게 설명하려면 어떻게 해야 할까?

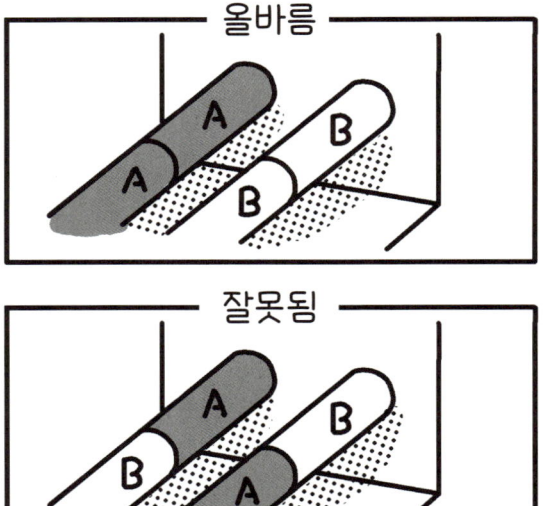

"잘못된 부품 설치."

이렇게 명사나 체언으로 말을 맺는 사람도 있다. 하지만 이런 표현으로는 어떻게 부품을 잘못 설치했는지 명확하게 알릴 수 없다. 그뿐만 아니라 잘못 끼운 순간을 표현하는 것인지, 잘못 끼웠다고 깨달은 순간을 표현하는 것인지, 다시 말해 어떤 시점을 나타내는지가 불분명하다.

그림과 같이 이미 부품이 반대로 설치되어 있는 상태를 나중에 발견한 경우라면 **"꽂혀 있었다"**라는 표현을 쓴다.

만약 반대로 설치하는 순간을 목격한 경우라면 **"꽂았다"**가 된다.

반대로 설치했다는 표현을 조금 더 구체적으로 나타내면 다음과 같이 쓸 수 있다.

"A 부품과 B 부품이 서로 정반대의 위치에 꽂혀 있었다."

상대에게 상황을 정확하게 전하려면 단어가 아니라 완전한 문장으로 표현해야 하며, 어떤 시점을 표현하느냐에 따라 내용을 적절히 바꾸어야 한다.

78 금액이 맞지 않는 경우

차이를 정확하게 표현하자 ①

아래의 그림은 금액이 맞지 않는 상황을 담고 있다.
어떻게 설명하는 것이 좋을까?

"돈이 모자란다."

과연 위와 같은 표현을 정답이라 할 수 있을까? 아이가 부모에게 이렇게 말한다면 부모는 상황을 온전히 이해하기 어려울 것이다. 곧바로 이해할 수 있도록 지금 처한 상황을 조금 더 구체적으로 나타내야 한다.

우선 그림을 보고 알 수 있는 사실을 정리해 보자.

"수중에 있는 돈은 2,900원이다."

"3,000원짜리 과자를 사려면 100원이 모자란다."

위 내용을 토대로 그림 속 상황을 설명하면 어떤 문장이 될까?

"수중에 2,900원이 있어서, 3,000원짜리 과자를 사려면 100원이 모자란다."

자신에게 일어난 일을 명확하게 표현하려면 가장 전하고 싶은 사실뿐만 아니라 모든 정황 중 상대에게 전해야 할 정보를 적절히 골라내야 한다. 그다음 선별한 정보들을 상대가 이해하기 쉽도록 매끄러운 문장으로 조합하는 것도 중요하다.

79

표기가 다른 경우

차이를 정확하게 표현하자 ②

이번에는 아래의 그림을 설명해 보자.

"영수증이 잘못되었다."

그림과 같은 일이 벌어졌을 때 이렇게 말하는 사람이 적지 않다. 실제로 정확히 같은 경험을 한 독자도 있을 것이다. 하지만 상황을 온전히 담아낸 표현이라고 말하기는 어렵다.

구입한 물건에 문제가 없다면 영수증에 문제가 있는 셈인데, 조금 더 자세히 설명해 보자.

그림과 같은 상황에서는 아래의 내용들을 정확히 담아내야 한다.

- 무엇과 무엇이 다른가

    → 구입한 물건과 영수증에 찍힌 물건이 다르다.
- 어떻게 다른가

    → ABC라는 물건이 아니라 AEC라는 물건이 찍혀 있다.

이를 문장으로 조합하면 다음과 같다.

"ABC라는 물건을 샀는데, 영수증에는 AEC라는 물건이 찍혔다."

"~가 잘못되었다" 같은 모호한 표현으로는 결코 의미를 세세하게 전달할 수 없다는 점에 유의하자.

80 표기가 다른 경우

차이를 정확하게 표현하자 ③

아래 그림처럼 글자를 잘못 썼다는 사실을
상대에게 알리려면 뭐라고 설명해야 할까?

올바름
NIKKEI

잘못됨
NIKKE

"글자에 오류가 있다."

어떤 사람은 그림을 보고 이렇게 말할 것이다. 하지만 표현이 너무 두루뭉술해서 상태를 정확히 이해하기가 힘들다.

"I가 빠졌다."

그렇다고 위와 같이 설명하면 N 다음의 I가 빠졌는지, 마지막의 I가 누락되었는지 짐작할 수 없다.

이럴 때는 어떤 상태가 올바른 상태인지를 먼저 설명할 필요가 있다.

"올바른 표기는 'NIKKEI'다."

"마지막의 'I'가 빠졌다."

따라서 그림 속의 상황은 다음과 같이 나타낼 수 있다.

"올바른 표기는 'NIKKEI'인데, 마지막의 'I'가 빠져서 'NIKKE'가 되었다."

이렇게 명확하고 분명하게 표현하기 위해서는 비교할 대상을 함께 제시해 어떤 점이 다른지 드러내는 것이 중요하다.

81 크기가 다른 경우

차이를 정확하게 표현하자 ④

사람들 앞에 케이크가 각각 한 조각씩 놓여 있는데,
사람의 몸집과 케이크의 크기가 서로 어울리지 않는다.
이런 상태를 글로 전하려면 어떻게 나타내는 것이 좋을까?

"사람과 케이크의 균형이 맞지 않는다."

"사람과 케이크가 서로 맞지 않는다."

평소 모호한 표현을 즐겨 쓰는 사람은 자연스레 이렇게 설명할지도 모른다. 물론 위와 같은 설명으로는 뜻을 제대로 전달할 수 없으니 불합격이다.

조금 더 세세하고 분명하게 나타내려면 3가지를 살펴보아야 한다.

"테이블 앞에 세 사람이 왼쪽부터 키가 큰 순서대로 나란히 앉아 있다."

"테이블 위에는 세 사람 앞에 각각 케이크가 놓여 있다."

"케이크는 키와 반대로 왼쪽부터 작은 순서대로 놓여 있다."

이 3가지 정보를 모두 조합해서 어떻게 정리하면 좋을까?

"세 사람이 왼쪽부터 키가 큰 순서대로 나란히 앉아 있는데, 각각 앞에 놓인 케이크는 키와 반대로 왼쪽부터 작은 순서대로 놓여 있다."

여기서 반드시 나타내야 할 부분은 키에 따른 순서와 케이크의 크기에 따른 순서가 정반대라는 점이다. 다시 말해 이 그림의 핵심은 사람과 사물의 순서가 거꾸로라는 사실이다. 다른 사람에게 무언가를 설명할 때는 이처럼 핵심이 되는 키워드를 반드시 담아야 한다.

82 숫자가 맞지 않는 경우

근거 없이 추측하지 않고 있는 그대로 표현하자 ①

아래 그림을 보고 어떤 부분이 잘못되었는지 설명하려면 뭐라고 말해야 할까?

"영수증이 잘못되었다."

이렇게 말하고 싶은 마음은 이해하지만, 위의 표현에는 영수증의 금액이 잘못되었다는 주관적인 생각이 담겨 있다. 사실은 영수증의 금액이 맞고 진열대에 적혀 있는 금액이 잘못된 것일지도 모른다.

눈앞의 상황을 다른 사람에게 있는 그대로 전하고자 할 때는 주관적인 생각을 배제하고 표현해야 한다.

"영수증에 적힌 제품 A의 금액과 진열대에 걸린 제품 A의 가격이 맞지 않는다(다르다)."

이것을 좀 더 구체적으로 만들면 다음과 같은 문장이 된다.

"영수증에 적힌 제품 A의 금액은 16,000원이지만, 진열대에 걸린 제품 A의 가격은 1,600원이다."

둘 중 어느 쪽이 잘못되었는지 뚜렷하게 드러나는 경우에는 한쪽이 잘못되었다고 설명해도 좋지만, 어느 쪽이 옳은지 불분명할 때는 차이를 있는 그대로 표현하면 된다.

83 실물과 도면이 다른 경우

근거 없이 추측하지 않고 있는 그대로 표현하자 ②

다음은 어떻게 설명하는 것이 좋을까?

"(도면이) 잘못되었다."

"실물이 잘못되었다."

이처럼 사람들은 무심코 선입견과 고정관념을 바탕으로 대상을 바라본다.

하지만 이 그림만 보아서는 무언가 잘못되었다고 딱 잘라 말할 수 없다. 도면에는 'C'라고 적었으나, 어떠한 이유 때문에 단순히 'C'를 'F'로 바꾼 것일지도 모르기 때문이다.

그뿐만 아니라 위의 문장들은 표현이 애매모호해서 상황을 온전히 담아낼 수 없다.

자신이 바라보는 모습을 그대로 표현하려면 도면과 실물의 차이만 그대로 나타내면 된다.

"도면에는 'C'라고 적혀 있지만, 실물에서는 'F'가 되었다."

만약 도면에 문제가 없고 실물이 잘못되었다고 분명히 말할 수 있는 경우라면 다음과 같이 표현할 수 있다.

"실수로 'C'가 아니라 'F'가 설치되었다."

이처럼 두 대상의 차이를 설명할 때는 선입견을 품고 사물을 바라보지 않도록 주의해야 한다.

84 표기가 다른 경우

근거 없이 추측하지 않고 있는 그대로 표현하자 ③

당신의 이름은 김민수다.
어느 날 당신에게 한 통의 편지가 도착했는데,
봉투 안에 그림과 같은 서류가 들어 있었다.
상대방에게 서류를 보여주지 않고 아래와 같은 상황을
말로만 설명하려면 어떻게 표현해야 할까?

"이름이 틀렸다."

아마 많은 사람이 단박에 이런 답을 내놓을 것이다. 하지만 지금껏 여러 번 이야기한 대로 이 표현 또한 정답과 거리가 멀다. 뜻이 모호할 뿐만 아니라 또 다른 문제점이 있기 때문이다.

'틀리다'라는 단어는 서로 같지 않은 상태를 가리키는 말로 자주 혼동되지만, 정확하게는 그릇되거나 어긋났다는 뜻을 나타낸다. 따라서 '틀리다'에는 말하는 사람의 주관적인 생각이 담기기 쉽다는 점에 주의해야 한다.

어쩌면 그림 속 상황은 단순히 받는 사람의 이름이 틀린 것이 아니라, 어딘가에 '길민수'라는 사람이 있고 그 사람에게 갈 서류가 어쩌다 보니 '김민수'에게 배송된 것일지도 모른다.

상황을 보이는 그대로 설명하고 싶다면, 주관적인 생각이 담기지 않는 말을 선택해서 표현해야 한다.

이 그림 속 상황에서는 '틀리다' 대신 '다르다', '상이하다'라는 단어를 사용하는 것이 좋다. 따라서 어디가 어떻게 다른지 뚜렷하게 드러나도록 문장을 만들면 된다.

"서류 한 통이 도착했는데, 받는 사람이 내 이름인 김민수가 아니라 길민수라고 적혀 있었다."

85

대상이 다른 경우

초점을 맞춘 대상을 이용해 표현하자

아래의 그림을 보고 동그라미로 표시한 부분을
설명하려면 어떻게 해야 할까?

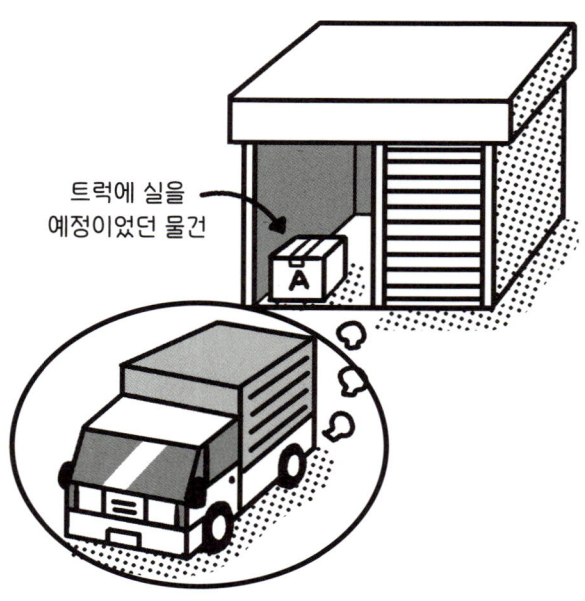

트럭에 실을
예정이었던 물건

"A를 깜빡 잊고 싣지 않았다."

많은 사람이 위와 같은 표현을 떠올리겠지만, 여기서는 정답이 아니다.

애초에 '잊다'란 사람의 행동과 관련된 표현이다. 하지만 동그라미로 표시한 부분은 사람이 아니다. 정확히는 트럭과 화물이라 할 수 있다.

따라서 다음과 같이 표현하는 것이 바람직하다.

"트럭에 실은 화물 중에 A는 없었다."

또는 이렇게 말할 수도 있다.

"A가 트럭에 실려 있지 않았다."

특정 부분에 초점을 맞추어 표현하고자 할 때는 먼저 시선을 집중하는 부분(동그라미로 표시한 부분)에 무엇이 있는지 파악해야 한다. 그런 다음 시선 안에 있는 대상을 중심으로 상황을 표현하면 된다.

여기서 초점을 맞추는 부분이란 초점을 맞추고 있는 시점, 순간이라고도 할 수 있다. 따라서 특정 시점에 초점을 맞추어 표현할 때도 그 순간에 존재하는 대상을 중심으로 상황을 표현하면 된다.

86　내용물이 다른 경우

전체에서 세부로 들여다보며 빠짐없이 표현하자

이번에는 다음의 그림을 보고 상황을 설명해 보자.

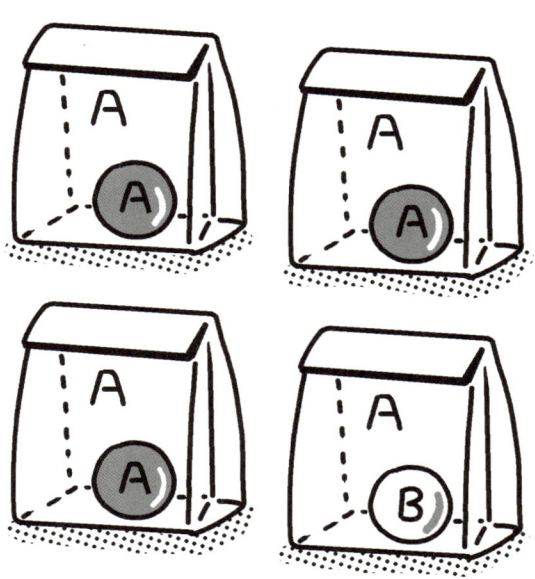

"제품이 잘못되었다."

어떤 제품에 무슨 문제가 있다는 뜻인지 조금도 짐작이 가지 않는다. 따라서 정답과 매우 거리가 먼 표현이다.

먼저 그림을 보고 파악할 수 있는 사항들을 적어보자.

"종이봉투가 4개 있고 모두 A라고 적혀 있다."

"종이봉투 안에는 같은 크기의 동그란 제품이 하나씩 들어 있다."

"종이봉투 3개에는 제품 A가 들어 있지만, 한 종이봉투에는 제품 B가 들어 있다."

이 사실들을 조합해서 상대에게 전하려면 어떻게 해야 할까?

"A라고 적힌 종이봉투 4개 가운데 하나에만 제품 A 대신 제품 B가 들어 있다."

듣는 사람에게 상황을 정확하게 설명하고 싶다면 영화나 드라마 속 장면처럼 처음에는 전체를 포착하고 그다음 서서히 줌인해서 피사체를 들여다보는 것이 좋다. 다시 말해 전체를 표현한 다음 세부를 표현하는 것이다. 이 방법을 활용하면 복잡한 상황도 빈틈없이 세세하게 나타낼 수 있다.

06

실수 표현하기

다른 사람에게 무언가 잘못되었음을 알리는 것은 생각보다 쉽지 않은 일이다. 제시된 그림을 보고 상대에게 상황을 전하기에 적절한 표현들을 함께 생각해 보자.

87

잘못된 '행동'인지 잘못의 '원인'인지 구별해서 표현하자

그림과 같은 상황에서는 현수의 실수를 어떻게 표현하면 좋을까?

"현수가 버튼을 잘못 눌렀다."

사람들은 실수로 잘못된 행동을 했을 때 '잘못 켜다', '잘못 누르다' 같은 표현을 많이 쓴다.

그런데 실수의 원인을 이야기할 때도 '잘못 보다', '잘못 듣다', '잘못 생각하다', '무심결에 잘못하다'와 같이 표현하곤 한다. 두 경우 모두 '잘못 ○○하다'라고 이야기하니 실수로 한 행동을 가리키는지, 실수의 원인을 가리키는지 곧바로 판단하기가 어렵다. '잘못 보다'와 비슷한 뜻을 지닌 '착각하다' 같은 표현이 있기도 하다.

실제로 사람들은 실수로 한 행동을 표현할 때와 실수의 원인(착오의 종류)을 표현할 때 별다르지 않은 표현을 쓴다.

하지만 뜻을 쉽고 정확하게 전하려면 실수로 한 행동과 실수의 원인 중 어느 쪽을 이야기하고 싶은지 의식적으로 구별해서 표현해야 한다. 실수로 어떤 '행동'을 했음을 나타낼 때는 '잘못 켜다', '잘못 누르다'가 아니라 다음과 같은 표현을 쓴다.

"철수는 실수로 ○가 아니라 ×를 켰다."
"철수는 실수로 □가 아니라 △를 눌렀다."

단순히 '잘못하다'라는 단어를 사용하는 대신 구체적인 행동을 드러내는 것이다.

반면 실수의 '원인'을 나타낼 때는 '잘못 ○○하다'라는 표현을 쓴다.

"민수는 O(영)을 O(오)로 잘못 보았다."
"영수는 D(디)를 E(이)라고 잘못 들었다."
"광수는 평소 하던 방법과 똑같이 하면 된다고 착각했다."

이렇게 말하면 실수로 한 행동 그 자체를 가리키는 것인지, 실수의 원인을 가리키는 것인지가 훨씬 명확해진다.

만약 이미 발생한 문제를 상대에게 알려야 한다면 실수로 한 행동과 원인 가운데 어느 쪽을 설명할지 고려하여 구별하는 것이 좋다.

이제 87번 문제의 그림으로 다시 돌아가 보자. 그림을 보고 현수가 실수로 한 행동만 정확하게 설명하고 싶다면 다음과 같이 말하면 된다.

"현수는 실수로 A가 아니라 B를 눌렀다."

다만 그림의 내용과 같이 머릿속으로는 A를 눌러야 한다는 것을 알면서도 B를 눌러버린 상황이라면, '자기도 모르게 잘못한' 경우라 할 수 있다. 이런 실수의 원인을 상대에게 알리고 싶다면 '자기도 모르게'라는 표현을 써서 설명하면 된다.

"(머리로는 알고 있지만) 자기도 모르게 A가 아니라 B를 눌렀다."

앞서 이야기했듯이 실수를 표현할 때는 실수로 한 행동을 나타낼지, 실수의 원인을 나타낼지 분명하게 구별해야 한다는 점을 잊지 말자.

어쩌면 이런 말을 들어본 적이 있을지도 모른다.
"기입 실수가 있었다."
사실 이 표현은 실수로 무언가를 잘못 적었다는 이야기인지, 아니면 잘못 적힌 부분을 발견했다는 이야기인지 불분명하다.

실수로 잘못 적었다고 설명하고 싶다면 아래와 같이 표현해야 한다.
"철수는 실수로 1이 아니라 2를 적어 넣었다."
반대로 누군가 잘못 적은 부분을 발견했다고 설명할 때는 이렇게 표현하면 된다.
"○○에 1이 아니라 2라고 잘못 적혀 있었다."
이런 표현의 차이도 함께 기억해 두자.

88

착오의 종류를 정확하게 나타내자 ①

종이에 적힌 숫자를 보았을 때
철수가 어떤 실수를 했는지 설명해 보자.
아래의 그림에서는 종이에 적힌 숫자가 옳다고 가정한다.

철수

"철수는 착각했다."

뜻이 너무나 모호하므로 정답이 아니다. 상황을 제대로 설명하려면 그림 속의 철수가 어떤 실수를 했는지 정확하게 묘사해야 한다.

철수는 벽에 붙은 종이의 4자리 숫자 가운데 '1672'를 보고 '1872'라고 이해했다. 앞서 가정했듯이 '1672'가 옳다면 철수는 '6'을 '8'로 잘못 본 셈이다.

따라서 아래와 같이 표현해야 한다.

"철수는 벽에 붙은 4자리 숫자를 보고 '1672'를 '1872'로 잘못 이해했다(오인했다)."

인간은 '잘못 보고' '잘못 듣고' '착각하는' 것뿐만 아니라 아무 생각 없이 옆에 있는 스위치를 '무심결에' 눌러버리는 등 매우 다양한 실수를 저지른다.

어떠한 실수나 문제를 다른 사람에게 알릴 때는 어떤 종류의 '착오'가 생겼는지 분명하게 표현하는 것이 중요하다.

89

잘못된 '행동'인지 잘못된 '판단'인지 구별해서 표현하자 ①

다음의 그림을 보고 민수의 실수를
설명하려면 뭐라고 말해야 할까?
A 상자에는 반드시 A 병을 넣어야 한다는 점을
염두에 두고 생각해 보자.

"민수가 실수했다."

틀린 말은 아니지만, 위 같은 문장만 듣고는 실수로 한 행동을 가리키는지 판단을 잘못했다는 뜻인지 짐작하기가 어렵다. 게다가 행동이든 판단이든 내용이 분명하게 드러나지 않는다.

실수로 어떤 '행동'을 했음을 나타낼 때는 아래와 같이 표현하면 된다.

"A 병을 넣어야 하는데, 민수는 실수로 같은 사이즈의 B 병을 넣으려 하고 있다."

반면, 잘못된 '판단'을 나타낼 때는 이렇게 표현하면 된다.

"A 병을 담는 상자인데, 민수는 B 병을 담는 상자라고 착각하고 있다."

또는 다음과 같이 쓸 수도 있다.

"민수는 B 병을 손에 들었지만, A 병을 들었다고 생각하고 있다."

실수를 다른 사람에게 알릴 때는 실수로 한 행동을 표현하고자 하는지, 판단을 잘못했다고 표현하고 싶은지, 목적을 명확하게 구별해야 한다.

90

잘못된 '행동'인지 잘못된 '판단'인지 구별해서 표현하자 ②

그렇다면 아래의 그림은 어떨까? 행동인가, 판단인가.

"철수가 실수했다."

철수가 민수의 부탁을 제대로 들어주지 못한 것은 사실이지만, 위와 같은 표현만 보고서는 행동을 가리키는지 판단을 가리키는지 알 수 없다.

행동 자체를 나타내는 경우라면 이렇게 말해야 한다.

"민수가 A 서류를 달라고 부탁했는데, 철수는 B 서류를 건넸다."

반대로 판단 실수를 나타내고 싶다면 다음과 같이 표현해야 한다.

"철수가 민수에게 건넨 것은 B 서류인데, 철수는 A 서류를 건넸다고 믿고 있다."

아니면 이렇게 설명할 수도 있다.

"철수가 민수에게 건넨 것은 B 서류인데, 철수는 B 서류를 주었다는 사실을 알아채지 못했다."

이처럼 행동과 판단 중 어느 쪽을 표현할지 방향을 명확하게 설정하는 것이 중요하다.

91

착오의 종류를 정확하게 나타내자 ②

민수는 내용을 제대로 알렸지만, 철수가 잘못 이해하고 말았다.
그림 속의 상황을 말로 설명하려면 어떻게 표현해야 할까?

"철수가 잘못했다."

'잘못했다'라는 표현을 쓰고 싶은 마음은 이해하지만, 올바른 표현이라고는 할 수 없다.

민수가 올바른 정보를 말했다고 전제하면, 철수가 어떤 실수를 했는지 문장에 정확하게 드러나야 한다.

이 그림에서 철수는 민수가 말한 '에이 비 일 이'를 '에이 이 칠 이'로 받아들였다. 한마디로 민수의 말을 '잘못 들은' 것이다.

따라서 아래처럼 표현하면 된다.

"철수는 민수가 말한 'AB12'를 'AE72'라고 잘못 들었다."

그림 속 상황처럼 '비(B)'와 '이(E)', '일(1)'과 '칠(7)'을 단순히 착각하는 경우도 있는가 하면, 전화 통화를 하다가 '과일'이라는 말을 상대방이 '가위'라고 잘못 알아듣는 경우도 있다. 누구나 다른 사람의 말을 잘못 듣거나 상대방이 잘못 알아들은 경험이 있을 테니 상황을 쉽게 이해할 수 있을 것이다.

92

착각한 경우 ①

무언가를 착각하는 것은 결코 드문 일이 아니다.
아래의 그림도 그런 상황인데,
말로 설명한다면 뭐라고 표현해야 할까?

"날짜를 틀렸다."

아주 기본적인 부분이지만, 위의 표현에는 주어가 없다. 그뿐만 아니라 날짜를 어떻게 틀렸는지도 알기가 어렵다. 따라서 정답이 아니다.

먼저 부족한 주어를 추가하면 이런 문장이 된다.

"철수는 날짜를 틀렸다."

그러나 이것만으로는 내용이 턱없이 부족하다. '틀렸다'라는 표현으로 뭉뚱그려 설명하는 것이 아니라 어떤 오류가 있는지 상황을 적절히 드러내야 한다.

그림을 보고 알 수 있는 사실은 두 가지다.

"오늘은 10일이다."

"철수는 오늘이 9일이라고 생각했다."

이 사실들을 한데 합치면 아래처럼 표현할 수 있다.

"오늘은 10일이지만, 철수는 9일이라고 생각했다."

여기서 '생각했다'라는 부분을 다르게 표현하면 이렇게 말할 수도 있다.

"오늘은 10일이지만, 철수는 9일이라고 착각했다."

93

착각한 경우 ②

그렇다면 아래의 그림은 어떨까?
아버지가 어떤 착각을 했는지 말로 표현해 보자.

"아버지가 실수했다."

이제 말하지 않아도 어디가 부족한지 짐작할 수 있을 것이다. 위의 표현에는 무엇을 어떻게 잘못했는지가 전혀 드러나지 않는다.

그림 속 상황을 구체적으로 설명하려면 뭐라고 해야 할까?

"아이는 강아지 그림을 그렸는데, 아버지는 그 그림을 보고 곰이라고 생각했다."

이번 문제는 실수는 실수이지만 더 정확하게 말하자면 잘못된 판단, 즉 착각에 관한 내용이다.

"아버지는 아이가 그린 강아지 그림을 보고 곰 그림이라고 착각했다."

모두 '착각'이라는 한 단어로 표현되지만 실제로는 '착각'에도 아주 다양한 유형이 있다. 이 그림과 같은 상황뿐만 아니라 말을 잘못 알아듣는 것도 판단 실수, 다시 말해 착각이다. "굿(good)"이라고 말했는데 "붓"이라고 착각한다든지, "전원을 끊어주세요"라는 말을 듣고 전원을 '끈다'라는 의미가 아니라 정말 전선을 끊으라는 뜻으로 착각하기도 한다.

이처럼 무언가 착각한 상황을 표현할 때는 어떤 실수를 했는지는 물론이고 어떻게 착각했는지 알 수 있도록 정확하게 설명하자.

07

요청 표현하기

누군가에게 부탁을 할 때도 무엇을 어떻게 해주기를 바라는지 분명하게 전하지 않으면 서로에게 불행한 결말이 찾아온다. 제시된 그림 속 상황들을 살펴보고 어떻게 부탁하는 것이 좋을지 생각해 보자.

94

행동을 분명하게 표현하자

아래의 그림과 같은 상황에서 생선을 냉동 보관하고 싶다면
어떤 말로 부탁해야 할까?

이것 좀 냉장고에 넣어주렴!

"이걸 냉장고에 넣어주렴."

생선을 냉동실에 넣는 것인지, 아니면 냉장실에 넣는 것인지 분명하지 않다. 과연 아이는 엄마의 말만 듣고 생선을 냉장고의 정확한 위치에 넣을 수 있을까?

그림과 같은 상황에서는 이렇게 표현해야 한다.

"이 생선을 냉장고의 냉동실에 넣어주렴."

냉동실이 냉장고의 맨 아래 칸에 있다고 가정했을 때 상대가 냉동실의 위치를 모른다면 아래와 같이 보충해 주어야 한다.

"이 생선을 냉장고 맨 아래의 냉동실에 넣어주렴."

자신이 부탁한 일을 상대가 틀림없이 실행할 수 있느냐는 부탁하는 사람의 표현이 적절한지 아닌지에 따라 좌우된다. 상대가 해주었으면 하는 '행위'를 명확하게 전하려면 그 '행위'를 머릿속으로 떠올리고 이미지 속에 등장하는 사물들을 세세하게 표현해야 한다.

여기서 말하는 '행위'란 '보고/듣고' '판단하고' '움직이는' 일련의 동작들을 가리킨다. 어떤 일을 부탁할 때 무엇보다 중요한 포인트는 '행위' 중에서도 '보다/듣다'다. '보는/듣는' 단계에서 오류가 발생하면 더 큰 착오로 이어지기 쉽기 때문이다.

상대가 '보는/듣는' 것에 대해서는 특히 신중하게 표현을 골라야 한다.

95

모호한 표현은 되도록 피하자

특히 상대와 거리가 10미터 이상 떨어져 있을 때는 뭔가를 부탁할 때도 여러모로 주의를 기울여야 한다. 아래와 같은 상황에서는 어떻게 설명하면 좋을까?

"이 줄을 잡아당겨."

상대방에게도 물건이 잘 보이는 상황이라면 문제없지만, 그렇지 않을 때는 멀리 떨어진 곳에서 외쳐보았자 줄의 모양이 또렷이 보일 리 없다. 듣는 사람은 대체 어떤 줄을 당기라는 말인지 긴가민가할 것이다.

설령 줄을 손에 쥐고 어떤 것인지 알 수 있도록 강하게 당기더라도 줄이 여러 개 얽혀 있다면 다른 줄까지 동시에 움직여서 오히려 더 알쏭달쏭해지기 십상이다.

앞서 이야기했듯이 상대방에게 '행위'를 부탁하고 싶을 때는 첫 번째 단계로 '보다'를 생각하면 된다. 따라서 줄의 '상태'를 눈으로 살필 때 어떤 줄을 보면 되는지 구체적으로 표현해야 한다는 뜻이다.

줄마다 색깔이나 모양이 다르다면 특징을 설명하면 된다.

"4개의 줄 가운데 검은색 줄을 잡아당겨 줘."

다만 위 같은 표현은 전체에서 검은색인 줄이 하나밖에 없을 때만 적합하다.

물건이나 서류 또는 데이터와 관련된 부탁을 할 때는 상대가 실제로 보는 광경을 머릿속에 그리면서 파악하고 되도록 모호한 표현은 피해야 한다.

96

의도를 표현하자

아래와 같은 상황에서는 어떤 점에 주의해야 할까?

"내려줘."

이렇게 말하면 과연 자신의 의도가 제대로 전해질까? 말하는 사람은 짐을 천천히 조심스럽게 내려주기를 원하는데, 상대방은 어찌 됐든 내리기만 하면 된다는 생각에 짐을 빠른 속도로 휙 내려버릴지도 모른다.

그런 불상사를 피하려면 마지막의 결과만 전하기보다는 상대가 '보고(듣고)' '판단하고' '움직이는' 일련의 행위를 상상하며 표현해야 한다.

"천천히 내려줘."

하지만 위와 같은 말도 모호하기는 마찬가지다. '천천히'라는 말이 들어가서 속도는 다소 줄겠지만, '천천히'라는 표현은 사람마다 해석하기 나름이다.

따라서 조금 더 구체적인 표현이 필요하다.

"신호에 맞춰서 10센티씩 내려줘."

이렇게 말하면 물건이 상하거나 받는 사람이 다치지 않도록 짐을 안전하게 내릴 수 있다.

97

주의가 필요할 땐 분명하게 경고하자

조심하라고 미리 주의를 주는 것도 어떤 의미에서는 '부탁'과 같다.
그림 속 상황도 앞의 문제와 같은 방식으로 생각할 수 있다.
깎아지른 절벽 위의 난간에 '위험'이라고 적힌 표지판이 달려 있다.
표지판을 본 사람이 무엇이 어떻게 위험한지
곧장 이해할 수 있도록 고치려면 뭐라고 적어야 할까?

"낭떠러지, 위험."

이 내용만 보면 무엇이 어떻게 위험한지 분명하게 인식하기가 어렵다. 게다가 낭떠러지를 직접 접해보지 않은 사람에게는 더욱 낯설게 느껴질지도 모른다.

상대에게 위험한 상황을 알릴 때는 최악의 결과를 정확하게 예측할 수 있도록 만드는 것이 중요하다.

최악의 경우 어떤 일이 벌어질까? 그림 속 상황에서는 낭떠러지에서 떨어져 목숨을 잃는 것이다. 따라서 최악의 결과를 상대방이 이해할 수 있도록 절벽의 높이를 덧붙여 표현하면 된다.

"낭떠러지 높이 30미터. 추락 시 즉사."

이따금 **"난간에 기대지 마시오"** 하고 주의를 환기하는 표지판이 눈에 띄는데, 이것도 좀 더 직접적으로 표현하는 것이 좋다.

"기대면 난간이 쓰러져 크게 다칠 위험이 있음."

08

순서 표현하기

가전제품이나 게임의 설명서를 읽다가 대체 어디서부터 어떻게 해야 할지 몰라 어려움을 겪은 적이 있을 것이다. 이 또한 표현의 문제다. 8장에서는 순서에 초점을 맞추어 설명하려면 어떤 점을 눈여겨보아야 하는지 함께 살펴보려 한다.

98

동작의 순서에 따라
알기 쉽게 표현하자 ①

기계의 앞면에 4개의 버튼이 있다.
이것을 어떻게 다루어야 하는지 그림에 맞게 설명해 보자.

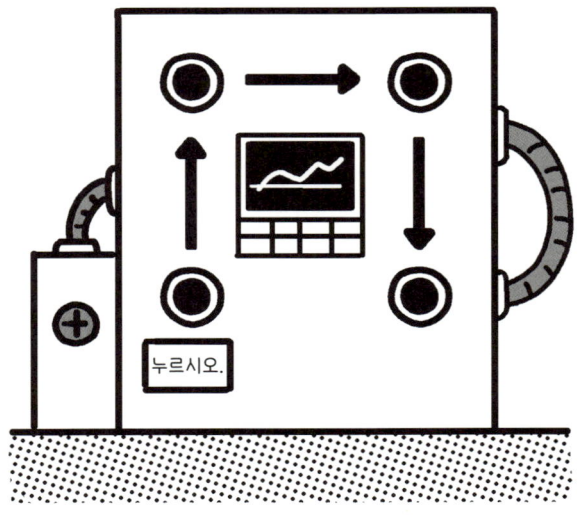

"4개의 버튼을 시계 방향으로 누른다."

이런 말을 들으면 과연 무슨 뜻인지 이해가 될까? 듣는 사람은 틀림없이 어느 버튼부터 시작해야 할지 몰라서 갈팡질팡할 것이다.

상대가 곧바로 이해할 수 있도록 설명하려면 버튼을 누르는 동작의 순서에 맞추어 차례차례 표현하는 것이 좋다.

먼저 상대에게 전해야 할 내용을 적어보면 3가지가 나온다.

"기계의 앞면에 4개의 버튼이 있다."

"왼쪽 아래 버튼을 가장 먼저 누른다."

"시계 방향으로 나머지 버튼을 차례차례 누른다."

위의 3가지 사항을 조합하면 다음과 같이 표현할 수 있다.

"기계의 앞면에 달린 4개의 버튼 중 왼쪽 아래 버튼을 가장 먼저 누른 다음 시계방향으로 나머지 버튼을 차례차례 누른다."

위의 문장에서 '시계 방향'은 때에 따라 '오른쪽으로'라고 바꿔 쓸 수도 있다.

반드시 기억해야 할 포인트는 출발 지점을 명확하게 드러내고 동작의 순서에 따라 차근차근 표현해야 한다는 점이다.

99

동작의 순서에 따라 알기 쉽게 표현하자 ②

아래 그림에는 드라이버로 나사를 조이는 모습이 담겨 있다.
드라이버를 처음 사용해 보는 사람에게
방법을 설명하려면 어떻게 해야 할까?

"드라이버를 돌려 나사를 조인다."

드라이버를 처음 써보는 사람이 이 설명만 듣고 방법을 이해할 수 있을까? 나사의 어느 부분에 드라이버의 어느 부분을 대고 어떤 방향으로 돌려야 하는지 파악하기 어려울 것이다.

먼저 드라이버를 사용해 나사를 조이는 방법을 순서대로 적어보자.

① 나사 위의 열십자(+) 부분에 드라이버 끝의 열십자 부분을 맞춘다.
② 나사와 드라이버를 일직선으로 세운다.
③ 드라이버를 아래로 누르며 오른쪽으로(시계 방향으로) 돌린다.

위에 적었듯이 순서대로 하나하나 설명하는 방법도 있지만, 이번에는 한마디로 정리해서 표현해 보자.

"나사 위의 열십자 부분에 드라이버 끝의 열십자 부분을 맞추고 나사와 드라이버를 일직선으로 세운 다음 드라이버를 아래로 누르면서 오른쪽으로(시계 방향으로) 돌린다."

자신에게 지극히 당연하게 느껴지는 일일수록 다른 사람에게 설명하기가 어려운 법이다. 대상을 처음 접하는 사람에게 설명할 때는 간단한 것도 섣불리 생략하지 말고 반드시 하나하나 순서대로 표현해야 한다.

100

전체를 이야기한 다음 순서를 설명하자

이번에는 조금 색다른 문제를 풀어보자.
아래 그림을 보고 한 가지 퀴즈를 만들어본다면
어떤 문제가 좋을까?

"폭탄을 피해 입구부터 출구까지 가려면 어떻게 이동해야 할까?"

이렇게 퀴즈를 내도 좋겠지만, 표현이 조금 두루뭉술하다. 조금 더 자세한 내용이 되도록 동작의 순서를 바탕으로 표현하려면 어떻게 해야 할까? 그러려면 우선 4가지 포인트를 파악해 두어야 한다.

"입구에서 출발한다."

"통로 곳곳에 폭탄이 놓여 있다."

"폭탄이 놓인 곳은 지나가서는 안 된다."

"출구로 나간다."

이 4가지 포인트를 조합해서 다음과 같이 표현할 수 있다.

"입구로 들어가 폭탄이 놓인 통로를 피해 출구까지 가는 방법을 찾아보자."

이와 달리 아래와 같이 전체를 먼저 설명한 다음 순서에 따라 표현하는 방법도 있다.

"통로 곳곳에 놓인 폭탄을 피해서 입구부터 출구까지 가려면 어떻게 이동해야 할까?"

순서에 따라 하나하나 방법을 설명할 것인가, 전체를 먼저 설명한 다음 방법을 설명할 것인가. 둘 중 한쪽을 선택해 표현하면 된다.

101

하나하나 순서대로 설명해도 좋다

당신은 함께 강을 바라보고 있는 친구에게
그림과 같이 강을 건너는 방법을 설명해야 한다.
뭐라고 표현하면 좋을까?

"돌을 밟고 강 건너편으로 가자."

이렇게 말해도 친구는 뜻을 이해하겠지만, 어쩌면 돌을 하나 건너뛰고 맞은편으로 가야겠다고 생각하는 사람도 있을지 모른다. 안전하게 강을 건너려면 조금 더 세세한 설명이 필요하다. 그림 속의 요소를 하나하나 적어보면 3가지로 정리할 수 있다.

"이쪽 강기슭과 반대쪽 강기슭 사이에 모두 4개의 돌이 강의 수면 위로 드러나 있다."

"가장 가까이에 있는 돌부터 순서대로 딛는다."

"반대쪽 강기슭으로 건너간다."

이제 모든 요소를 조합하면 되는데, 여기서는 전체를 먼저 설명한 다음 하려고 하는 행동을 덧붙여 보자.

"이쪽 강기슭과 반대쪽 강기슭 사이에 놓인 4개의 돌을 순서대로 딛고 맞은편으로 건너가자."

이와 달리 순서대로 방법을 하나하나 설명하면 아래와 같은 표현이 된다.

"이쪽 강기슭에서 가장 가까이에 있는 돌부터 하나씩 차례대로 밟으며 4개의 돌을 건너서 강 건너편으로 넘어가자."

의미를 정확하게 전달할 수만 있다면 설명하기 편한 방식 중 어떤 방식을 골라도 좋다.

102

동작의 순서에 따라
알기 쉽게 표현하자 ③

다음은 부품을 조립하는 방법 중 한 장면을 그림으로 나타낸 것이다.
A에 B를 꽂는 방법을 설명문으로 쓰려면 뭐라고 해야 할까?
이때 설명문을 읽는 상대는 A와 B를 실제로 가지고 있다고 가정한다.

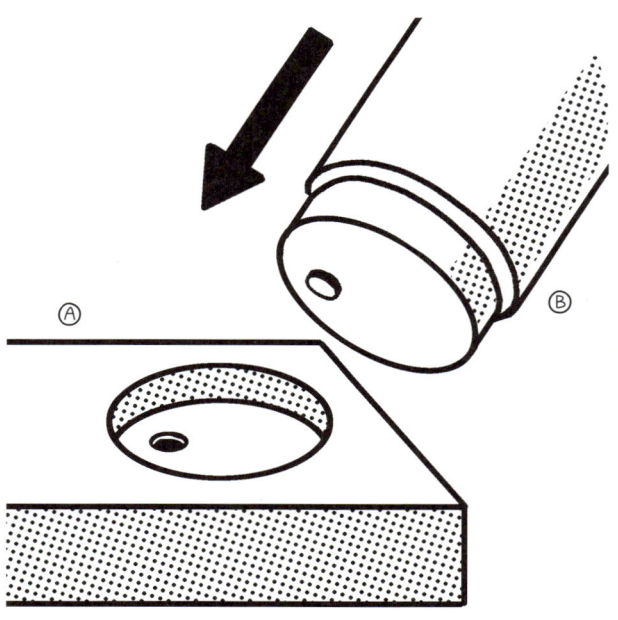

많은 사람이 다음과 같이 매우 단순한 설명을 떠올릴 것이다.

"A에 B를 끼운다."

하지만 빠진 부분이 많아서 오답에 가까운 표현이다.

두 부품을 어떤 방법으로 조립해야 하는지 포인트를 순서대로 살펴보자.

"A의 큰 구멍 안에 작은 구멍이 있다."

"B의 끄트머리에 작은 돌기가 있다."

"작은 구멍과 작은 돌기의 위치를 맞춘다."

"작은 구멍과 작은 돌기의 위치를 맞춘 채 B를 A에 꽂는다."

이제 위의 포인트들을 합쳐주면 아래처럼 정리할 수 있다.

"A의 큰 구멍 안에 있는 작은 구멍과 B의 끄트머리에 있는 작은 돌기의 위치를 맞춘 다음 B를 A에 꽂는다."

방법을 설명할 때도 다른 사람에게 '부탁할' 때와 마찬가지로 중요한 부분뿐만 아니라 '보고(듣고)' '판단하고' '움직이는' 동작의 순서를 토대로 모든 요소를 빠짐없이 표현해야 한다. 이 점이 기본이니 꼭 기억해 두자.

103

번호를 매기면 순서를 알기 쉽게 설명할 수 있다

6개의 버튼이 같은 간격으로 나란히 세로로 늘어서 있다.
버튼을 화살표가 가리키는 순서대로 누르려면 뭐라고 설명해야 할까?
버튼은 상대의 눈앞에 있는 상황이라고 가정하자.

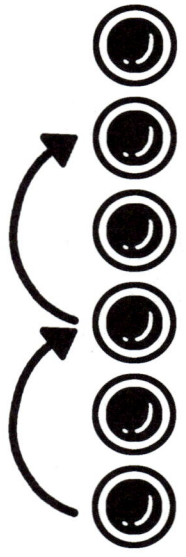

"버튼을 하나씩 건너뛰며 차례대로 누른다."

무슨 뜻인지 얼추 이해는 되지만, 방법을 온전히 파악하기에는 내용이 부족하다.

하나씩 건너뛰고 버튼을 눌러야 한다는 점은 알아도 어느 버튼부터 시작해야 하는지는 말해주지 않기 때문이다. 우선 어떤 버튼을 가장 먼저 눌러야 하는지에 대한 내용부터 추가해 보자.

"맨 아래에 있는 버튼을 가장 먼저 누르고 그다음부터는 버튼을 하나씩 건너뛰면서 누른다."

다만 이것만으로는 합격점을 받기가 어렵다. '하나씩 건너뛰면서'가 정확히 무슨 뜻인지 이해하지 못하는 사람이 나올 수 있기 때문이다. 그렇다면 어떻게 해야 할까?

그럴 때는 버튼에 번호를 매겨서 정확한 숫자를 이용해 설명하면 된다.

"버튼에 숫자를 매기면 밑에서부터 1, 2, 3, 4, 5가 된다. 여기서 1, 3, 5를 순서대로 누른다."

누구나 쉽게 알 수 있도록 번호를 매겨서 순서를 나타내면 상대도 한결 수월하게 이해할 수 있다.

맺는말

 아래의 두 문장을 보고 차이점을 제대로 설명할 수 있는가?

 "스위치를 켜지 않았다."

 "스위치가 켜져 있지 않았다(꺼져 있었다)."

 "스위치를 켜지 않았다"라는 말은 사람의 '행위'를 가리키는 표현이며, "스위치가 켜져 있지 않았다(꺼져 있었다)"라는 말은 '상태'를 가리키는 표현이다.

 조금 더 자세히 들여다보면 "스위치를 켜지 않았다"라는 말은 사람의 행위를 가리키므로 올바른 형태가 되기 위해서는 사람을 주체로, 즉 주어로 덧붙여야 한다. 예를 들면 이런 식이다.

 "철수가 스위치를 켜지 않았다."

 그런데 말하거나 글을 쓸 때 '상태'를 나타내야 하는 경우임에도 불구하고 "스위치를 켜지 않았다"처럼 사람의 '행위'로 상황을 표현하는 사람이 적지 않다. 하지만 그렇게 말하면 마치 철수를 탓하는 말처럼 느껴진다.

실제로 사람들은 주어를 생략하고 대화를 나누거나 글을 쓰곤 한다. 겉으로는 크게 문제가 되지 않는 듯 보이지만, 때로는 '상태'와 '행위'의 구별이 모호해지기도 한다.

AI(인공지능)의 발달로 인간의 생각하는 능력이 시험대에 오르게 되었다.

그런 때일수록 올바르게 생각하고 판단하기 위해서는 우선 자신의 표현이 얼마나 엉성한지 깨닫고 일상생활에서도 모호한 표현을 되도록 피하려는 마음가짐이 필요하다. 그러면 정보를 전해 받은 사람이 잘못 이해하지 않을 뿐만 아니라 자기 자신도 착각에 빠지지 않게 된다.

일을 할 때도 정보 전달은 반드시 필요한 과정이다. 여러 사람과 정보를 주고받으며 일을 진행해 나가야 하기 때문이다. 정보를 주고받을 때 무엇보다 중요한 부분은 상대에게 정확한 정보를 전하는 것이다.

업무와 관련된 상황 설명이나 상대가 해야 할 일, 주의해야 할 점, 이미 진행한 일과 결과 등을 명확하게 전해야 한다. 궁금한 사항을 묻거나 동료의 질문에 답하는 일도 마찬가지다.

말이란 다른 사람과 소통하는 데 반드시 필요한 도구다. 그리고 우리는 상대에게 자신의 뜻을 어긋남 없이 분명하게 전할 수 있도록, 스스로 잘못된 생각에 매몰되지 않도록 언어를 공부해야 한다.

　하지만 지금 학교에서 이루어지는 수업에서는 문법과 글쓰기, 문학과 문화를 이해하는 데 많은 시간을 할애하느라 다른 사람에게 자신의 뜻을 정확하게 말하는 방법을 배울 시간이 턱없이 부족하다. 그러므로 우리는 학자의 시선이 아니라 사회인의 시선으로 말이라는 도구를 다시금 생각해 볼 필요가 있다.

　이 책을 읽고 말이 지닌 본래의 목적으로 돌아가 자신의 표현을 되돌아보고 다른 이와의 소통이 조금이나마 원활해진다면 저자로서 더할 나위 없이 기쁘겠다.

오구라 히토시

GOAL ← · · · · 💣 · 💣 · · · · · 💣 · · 🧒

단번에 알아듣는
하루 한 장
표현력
연습

1판 1쇄 인쇄 2025년 7월 1일
1판 1쇄 발행 2025년 7월 16일

지은이 오구라 히토시
일러스트 KASHIWABARA SHOWTEN
옮긴이 지소연

발행인 양원석 **편집장** 차선화
디자인 신자용, 김미선 **영업마케팅** 윤송, 김지현, 최현윤, 백승원, 유민경
해외저작권 임이안, 이은지, 안효주

펴낸 곳 ㈜알에이치코리아
주소 서울시 금천구 가산디지털2로 53, 20층 (가산동, 한라시그마밸리)
편집문의 02-6443-8861   **도서문의** 02-6443-8800
홈페이지 http://rhk.co.kr
등록 2004년 1월 15일 제2-3726호

ISBN 978-89-255-7338-0 (03190)

※ 이 책은 ㈜알에이치코리아가 저작권자와의 계약에 따라 발행한 것이므로
  본사의 서면 허락 없이는 어떠한 형태나 수단으로도 이 책의 내용을 이용하지 못합니다.
※ 잘못된 책은 구입하신 서점에서 바꾸어 드립니다.
※ 책값은 뒤표지에 있습니다.